Suicidio, medicamentos y orden público

ESCUELA LACANIANA DE PSICOANÁLISIS

Mental es una revista internacional de psicoanálisis publicada por la Federación de las Escuelas Europeas de Psicoanálisis (FEEP). Creada, en 1995, *Mental* se sitúa dentro del movimiento de reconquista del Campo Freudiano en Europa iniciado, en 1990, en Barcelona.

Mental es una revista francófona que se ha ido convirtiendo, en los últimos años, en una publicación de referencia por sus dossieres. Hoy, *Mental* es una verdadera brújula que ayuda a orientar a los practicantes del psicoanálisis dispersos en el conjunto de las instituciones de salud mental y, muy especialmente, en unos tiempos en los que las mutaciones clínicas conducen a la promulgación de leyes que tienden a regular el ejercicio de la práctica psicoanalítica.

Publicamos en este libro una pequeña muestra de los dossieres de *Mental* sobre temas importantes de la salud pública: el suicidio, el uso de los medicamentos en el campo de la salud mental y el orden público. Además, los compiladores de este libro han recogido y seleccionado varios artículos de psicoanalistas españoles que trabajan en el ámbito de la salud mental en nuestro país. Nuestro deseo es hacer conocer, en los próximos títulos de esta colección, los últimos dossieres de *Mental*, concretamente los dos últimos sobre «La sociedad del control y sus criminales» y «El futuro de los adolescentes».

VICENTE PALOMERA,
director de *Mental*

CLARA BARDÓN y MONTSERRAT PUIG
(Compiladoras)

Agnès Aflalo · Margarita Auré · Clara Bardón · Francesca Biagi-Chai
Hilario Cid · Anne Combot · Patrick Chessel · Marie Hélène Douguet-Dziomba · José Eiras · Graciela Elosegui · Javier Garmendia
Anne-Charlotte Gauthier · P.-G. Gueguen · Nathalie Jaudel
Patricias Johannson- Rossen · J.-P. Klotz · Dominique Laurent
Paloma Larena · Juan Pablo Lucchelli · Jean-Daniel Matet
J.-A. Miller · Georges Minois · Estela Paskvan · Valérie Pera
Montserrat Puig · Marisa Sancho · José Ramón Ubieto
Dominique Vallet · Iñaki Viar · Victoria Vicente · Francesc Vilá

Suicidio, medicamentos y orden público

EDITORIAL GREDOS, S. A.

MADRID

Director de la colección:
VICENTE PALOMERA

López de Hoyos, 141 - 28002 Madrid.
www.rbalibros.com

Primera edición: junio de 2010

VÍCTOR IGUAL • FOTOCOMPOSICIÓN
NOVAGRÁFIK • IMPRESIÓN
DEPÓSITO LEGAL: B.16.124-2010.
ISBN: 978-84-249-1349-6.

Impreso en España. Printed in Spain.

CONTENIDO

CLÍNICA DEL SUICIDIO

PRÓLOGO

Son múltiples los libros que tratan de la interfase entre el psicoanálisis y la psiquiatría o entre éste y el campo más amplio de la salud mental. El psicoanálisis no ha sido ni es ajeno al desarrollo de la asistencia a los enfermos mentales, a la clasificación de las enfermedades mentales, ni a las propuestas de su tratamiento. Este libro no se propone ser un libro más sobre ello, si bien se encuentra en la larga serie de libros anteriores sobre el tema.

En él nos hemos propuesto reflexionar sobre tres cuestiones relacionadas con la asistencia y la clínica en salud mental en la actualidad: su función de orden público, la medicalización del sufrimiento humano y los pasajes al acto suicidas.

Es cierto que no son cuestiones estrictamente nuevas, pero sí que podemos afirmar que en los últimos años han tomado cada una de ellas una dimensión y una perspectiva que nos obligan a nuevas reflexiones y nuevos posicionamientos.

Así, no se trata de cuestionar los fármacos y su imprescindible uso en numerosos pacientes, lo que ha posibilitado el tratamiento por la palabra de muchos de ellos. La dicotomía psicoanálisis o fármacos hace ya tiempo que ha caducado y sería una irresponsabilidad por nuestra parte mantenerla. Se trata, sin embargo, de podernos preguntar acerca del «buen uso de la medicación» y de rechazar que las investigaciones farmacológicas engloben y sean el único parámetro de las validaciones clínicas y terapéuticas.

En el apartado «psicoanálisis y orden público» hemos incluido alguno de los textos aparecidos en la revista *Mental* en los que se pueden leer nuevas aportaciones sobre el ya clásico concepto de declive de la autoridad, las nuevas propuestas diagnósticas del DSM sobre el cajón de sastre de los llamados «trastornos de la personalidad» o los nuevos imperativos de salud y adaptación a los que la asistencia psiquiátrica debe responder y que abocan a la clínica como tal a su desaparición.

Para terminar, encontrarán una serie de textos sobre el último caballo de batalla que se ha propuesto controlar la OMS: «la conducta suicida». Reducidos al estatuto de epidemia, los pasajes al acto se han convertido en los últimos años en objetivos diana de las políticas de prevención. Rescatar la perspectiva clínica en la «conducta humana» es reintroducir al sujeto allí donde se pretende rebajarlo al estado inerte de un mero dato estadístico.

Como creemos que no podría ser de otro modo, en un libro pensado desde la clínica psicoanalítica, hemos incluido en cada apartado una serie de casos. Distintas contribuciones clínicas de colegas de la Escuela Lacaniana de Psicoanálisis (ELP) muestran y problematizan la clínica del caso por caso, en las que puede verse cómo las invenciones del sujeto y sus propios recursos se demuestran imprescindibles para poder ofrecer al sujeto, en el tratamiento, un destino distinto a la repetición sintomática.

Agradecemos a la revista *Mental* la autorización para la traducción de algunos de los textos publicados, pertenecientes a los números 17, 18 y 19 de la revista, a los traductores su labor y a los distintos autores sus contribuciones.

Consideramos que los trabajos aquí presentados constituyen interesantes aportes en la elaboración de los temas tratados y esperamos que así lo consideren los lectores a los que va destinado este libro. Creemos que su interés no concierne exclusivamente a psicoanalistas, psiquiatras y psicólogos, sino a todos aquellos profesionales que de una u otra forma participan en este amplio campo que es el de la salud mental.

CLARA BARDÓN Y MONTSERRAT PUIG

PSICOANÁLISIS Y ORDEN PÚBLICO

CLÍNICA CONTEMPORÁNEA DE LA AUTORIDAD*

JEAN-PIERRE KLOTZ

¿Qué es la autoridad? Contrariamente a lo que podría creerse, esta «noción» (así la sitúa Kojève, quien le dedicó un opúsculo publicado tardíamente) ha sido poco estudiada. Vale la pena, por ejemplo, oponerla a la de fuerza: la autoridad funciona como tal cuando no necesita, además, de una fuerza para ejercerse. Se deduce de sus efectos, pero si se asocia a un enunciado, la causa por la que este enunciado asociado «hace autoridad» permanece enigmática. Puede utilizar una fuerza que emana de aquello sobre lo cual ella se ejerce, de manera a veces conflictiva. Para ser efectiva, la autoridad supone que se consienta a ella, o bien que se la rechace en caso de rebeldía, pero esta rebeldía la subraya, más allá de la oposición. La autoridad instaura así y nombra un orden, aunque este orden, antes de ser establecido, plantea la cuestión de su establecimiento, ocultado por su existencia misma.

Desde Freud el padre designa a quien tradicionalmente ejerce la autoridad. La autoridad tradicional es reducible a la autoridad paterna. Pero que lo sea —como ocurre en la religión— no dice cómo ha llegado a serlo. Y es por eso que, después de su puesta en evidencia freudiana con el complejo de Edipo y la lectura lacaniana de éste con el Nombre-del-Padre, como significante, vale la pena interrogar su proclamado declive, a la luz de la clínica contemporánea.

Freud calificaba los síntomas neuróticos de «religiones privadas», tomando el relevo del padre devaluado. Este restablecimiento es tribu-

* Texto publicado en francés en la revista *Mental*, n° 18. Traducción de Gracia Viscasillas.

tario del amor al padre, condición de su autoridad. En tanto que caído el padre es amado y se caracteriza como tal para la histérica. El padre reinventado por el sujeto neurótico es un padre «muerto» según Lacan, padre por estar muerto y por ello pasado al estatuto de significante.

El padre amado da un punto de anclaje al sujeto identificándolo, no sin canalizar también sus modos de satisfacción. Detiene sus derivas en el lugar de los discursos hasta hoy relativamente estables de las tradiciones, tradiciones que se han vuelto frágiles por el discurso de la ciencia.

Procede por ello hoy en día oponer la perspectiva universalizante de la ciencia al particularismo de las comunidades tradicionales. Esta oposición «universal-particular» es crucial y subyace a la paradoja del progreso científico asociada al abandono del sujeto. Kojève caracteriza a la autoridad paterna como homogénea a la de la tradición, con la incidencia de una estructura temporal presente en su fundamento en cada caso —así, que el padre esté «muerto» lo historiza, incluso míticamente, en cada caso. Esta estructura temporal se encuentra en el superyó freudiano, heredero del Edipo, distinto, pero «no sin» el Nombre-del-Padre de Lacan que introduce en el Otro la autoridad de la ley.

Este halo temporal lo ponemos en relación con el hecho de que la autoridad del padre no puede nunca tener valor universal, incluso si el Nombre-del-Padre reina sobre el «un todo» que él nombra. El padre lo es para todos sus hijos, pero su autoridad no es efectiva sino para aquellos que hagan «alianza» con él. Encontramos ahí la oposición «Dios de los filósofos-Dios de Abraham, Isaac y Jacob», distinguidos a partir de la medida de su autoridad, supuestamente universal para el primero, efectivamente comunitaria y localizada en sus fieles para el segundo. La universalización propia al saber científico se opone a la autoridad del padre. ¿Cuáles son entonces las formas de autoridad que se perfilan en el horizonte de la subjetividad posmoderna, hecha de vacío de identidad y de errancia de los modos de goce? Podemos oponer allí dos formas que, según veremos, se conectan.

CIENCIA Y FUNDAMENTALISMO RELIGIOSO

Hay, en primer lugar, la autoridad llamada por Jacques-Alain Miller «bioteológica», asociando el Dios universal e impersonal de los filósofos a la ciencia. Allí encontramos la autoridad burocrática, la del informe de expertos, el cientificismo contemporáneo apuntando a borrar toda subjetividad. Es una autoridad absoluta, la del bien que pretende imponerse por sí mismo, a través de medios apropiados y válidos para todos. Cada uno debe encontrarse marchando al paso, pero sobre todo, sin posibilidad efectiva de protestar con ningún «no». Es una autoridad que recusa la interpretación en beneficio de la explicación, para la cual todos y cada uno son sinónimos. Puede perfeccionarse, refinarse, pero es indiferente, totalitaria en su benevolencia sin otro fallo más que el técnico. Para ella, el Otro y el Uno se confunden.

Frente a ella, tenemos el retorno de la autoridad de Dios, del sentido, de una tradición que incluiría esta vez su «faz oscura». Se presenta como la del fundamentalismo religioso, pero emanando primeramente del sujeto inmolándose a un sentido exacerbado y conectado sin mediación a un goce al que se apunta permanentemente. Incluso en la ausencia del padre que responde, el lugar de la autoridad literalmente se incorpora por el goce del sacrificio, y el sujeto se hace partícipe de ello sacrificando su singularidad, incluso a contrapelo de las vías del burocrático informe de expertos.

Esas dos vertientes se reúnen del lado de una autoridad que se quiere una y sin apelación, tendiendo a la inmanencia. A pesar de las apariencias, el Dios de los fundamentalistas tiene una familiaridad «éxtima» que le hace encontrarse en su sitio sin dejar, no obstante, de dominarlo, desgarrando al sujeto para velar la división que lo constituye. El Dios de los neo-evangelistas de la América profunda, así como el de los islamistas, es una autoridad cerrada a toda dialéctica, sin desviación, inmediata, indistinta de su fuerza. A pesar de su ostensible oposición, el expertismo burocrático y el fundamentalismo religioso, por la exclusión de toda singularidad, tienen en común su pretensión universalizante.

AUTORIDAD DEL SÍNTOMA ANALÍTICO

¿Y el psicoanálisis? Un sujeto —aún conviene que se aprehenda como tal— puede recurrir a un psicoanalista para elucidar el sentido del síntoma que puede constituir para él la asociación de ese desarraigo y de esos goces impuestos —autoritariamente impuestos— si llega a percibirlos bajo el modo del imperativo superyoico «¡Goza!». El envite moderno se desplaza de la autoridad tradicional hacia el sujeto y el síntoma, lo que supone que pueda conservarse un espacio para el «uno por uno», que la compacidad de los goces erráticos deje agujeros, que haya un más allá y un más acá del «para todos».

Lo propio de la práctica del psicoanálisis es dar, en toda circunstancia, su responsabilidad al sujeto en la experiencia. El desplazamiento se hace del padre muerto, significantizado, amado, hacia el sujeto, supuesto saber en la transferencia, que testimonia de la autoridad tal como aparece en la experiencia. La autoridad del amor de transferencia, a la vez operatividad y obstáculo, tiene su garante en la estructura del síntoma como único espacio habitable que autoriza un despliegue del sujeto. La cuestión será entonces no cómo alojar al sujeto en el Otro previo de la tradición, ni en sus *ersatz* modernos, expertos anónimos o Molocs *high-tech*, sino cómo el sujeto se ha forjado un síntoma en tanto que útil para hacer con el goce al cual responde, de un modo singular. La autoridad está entonces en condiciones de establecerse como relativa al sujeto en el síntoma, con los apoyos reales que éste procura.

A propósito de la descomposición de la autoridad tradicional del padre, ésta no sabría restablecerse retrospectivamente, a pesar de la reputación falaz del psicoanálisis como tratamiento mediante reparación del pasado. La posición conservadora, o reaccionaria, de algunos psicoanalistas es sin salida, aquí o allá. Si la autoridad incluye una dimensión temporal, ella no se da sino por su ejercicio y no se produce nunca de una vez por todas. ¿Cómo ilustrarlo? Lo haré con dos viñetas clínicas.

Primero, un caso de psicosis. Este sujeto femenino vive bajo la autoridad de una madre inamovible en su presencia desde su adolescencia ya lejana. Un examen ginecológico desencadenó un terror casi indecible frente al sexo, que solo encontró un equilibrio con una presencia permanente de su madre. Se trata de no apartarse nunca de su vigilancia, incluso si viven desde hace mucho tiempo a distancia la una de la otra. El analista funciona como no cesando de crear una distancia en esta presencia, justo un poco, nunca demasiado, restableciéndola casi en cada sesión desde hace años. Esta distancia permite al sujeto tener un mínimo de espacio propio, diría yo, donde poder dedicarse a actividades que escapen a esta vigilancia —la música por ejemplo—, permitiéndole vivir. Pero no es posible salir del síntoma, sino aflojarlo un poco, lo que le permite también un mínimo de perspectiva sobre su modo de vida centrado sobre una autoridad contra la cual ella se rebela pero que, también, ordena su vida.

Ahora un caso de neurosis. Este otro sujeto femenino ha mantenido durante años un fracaso repetido de su vida amorosa, adornado con quejas infinitas sobre la incapacidad de todos y de ella misma para encontrar una solución distinta que... aquella encontrada en esta práctica misma del fracaso y la queja. Hija preferida de un padre eminentemente caído, rival de una madre que asegura un equilibrio precario es, desde hace mucho tiempo, la única de una numerosa fratría que acumula esos fracasos repetidos. A decir verdad, sus hermanos y hermanas están más bien atrapados en fracasos no repetidos, es decir, más decisivos. Se asocia a ello una destacable estabilidad profesional y una desvalorización repetida de sus capacidades en esta materia. Habiendo dado muchas vueltas a ese panorama y tomado una medida de sus paradojas, ella ha sabido finalmente consentir a su síntoma acentuando diferentemente sus facetas, sin decir que ella lo dice. No es sino entonces, en una distribución reorganizada de sus prioridades, cuando ha dejado establecerse un cierto orden de prioridad soportable.

Estas viñetas muy parciales, orientadas aquí en función de la relación del sujeto con la autoridad, están destinadas a mostrar que el síntoma constituye el único «marco» que vale para el sujeto, incluyendo en ello que la autoridad sea reconocible y efectiva. Claro que la autoridad tradicional no sabría ser abordada por nosotros fuera del síntoma. Solo tenemos el síntoma para permitir un abordaje del goce propio del sujeto. Él es el lugar, o la estructura, donde pueden recomponerse los elementos resultantes de la mencionada descomposición actual. La autoridad podría ser situada como el poder en tanto que atribuido a un lugar ocupado por alguien. Lacan dijo en relación con este tema que una interrogación permanente sobre el poder recorre en filigrana su enseñanza desde el principio al fin. El Nombre-del-Padre como significante era ya una forma de descomposición, haciendo ahí un lugar a lo que ella deja de lado. Es evidente que a partir de nuestra experiencia la autoridad no es manejable sino cuando se encarna, ligada al sujeto y a lo que le causa como deseo. La cuestión planteada es la sustitución del padre por el síntoma como lugar de la autoridad.

¿No habría razones para señalar al padre mismo como un síntoma, cuando funciona electivamente como autoridad? El anuncio de su «declive» ha puesto al desnudo el hecho de que él no puede funcionar para el sujeto sino es sintomatizado. Hacerse un síntoma del padre, o hacerse al síntoma en el lugar del padre, ¿no sería una declinación del Nombre-del-Padre, del cual habría que pasar a condición de servirse de él? No se trata ya del saber supuesto que afirma su autoridad, sino del hecho de que el peso de esta última es preciso apreciarlo en el marco —el único que tiene una existencia efectiva— del síntoma como vector de goce para el sujeto.

El padre como excepción, tal es uno de los sesgos del padre en Lacan que no hemos utilizado especialmente en este artículo. La fractura que separa y trasciende ¿no es aquella que se vuelve sensible al sujeto en tanto que es la misma que incluye, pone en función y transmite el síntoma? Éste sintomatiza el goce, que se vuelve de ese modo más vivible para el sujeto, con el ejercicio de una relación privada a la autoridad en relación con el sujeto «siempre responsable de su posición». La experiencia analítica puede formarse ahí, para el uno por uno que consiente a ello —a condición de que se pueda proponer una y otra vez, a pesar de la proliferación de expertos y gurús de la desubjetivación, promotores de un porvenir resplandeciente, que no puede desembocar sino en retornos fundamentalmente de pesadilla.

BIBLIOGRAFÍA

S. FREUD, «Las perspectivas futuras de la terapia analítica», *Obras Completas*, volumen XI, Amorrortu, Buenos Aires, 1992.

S. FREUD, «Un recuerdo infantil de Leonardo da Vinci», *Obras Completas*, volumen XI, Amorrortu, Buenos Aires, 1992.

L. GOROSTIZA, *Autoridad y Nombre-del-Padre*, «Scilicet de los Nombres-del-Padre», editado en DVD por la AMP, 2006.

J. LACAN, «Subversión del sujeto y dialéctica del deseo en el inconsciente freudiano», *Escritos II*, Siglo XXI, México, 1989.

J. LACAN, *La familia*, Argonauta, Buenos Aires, 2003.

J. LACAN, «La méprise du sujet supposé savoir», *Autres écrits*, Seuil, París, 2001.

J.-A. MILLER, «Piezas sueltas», *Freudiana nº* 50, ELP, Barcelona, 2007

J.-A. MILLER, *De la naturaleza de los semblantes*, Paidós, Buenos Aires, 2001.

A. KOJÈVE, *La notion d'autorité*, Gallimard, París, 2004.

M. WEBER, *Economie et société*, Plon, París, 1995.

MESA REDONDA
La psiquiatría entre el deber de cuidar y el deber de orden

La redacción de Mental*—*Patricia Johansson-Rosen y Valérie Pera Guillot— se reunió con Agnès Aflalo, Francesca Biagi-Chai, Jean-Daniel Matet y Dominique Vallet, psicoanalistas y psiquiatras, en una mesa redonda consagrada a la situación actual de la psiquiatría. ¿Dónde estamos ante las exigencias de seguridad y de gestión impuestas por el mercado contemporáneo?*

JEAN-DANIEL MATET: Hoy, en el Campo Freudiano, después de la denuncia necesaria y razonada que pusimos en marcha, respecto a un nuevo orden que tiende a imponerse en el campo psi, nuestra preocupación es mantener el contacto con los campos de saber y de experiencia que se despliegan actualmente en psiquiatría.

MENTAL: La política del sector psiquiátrico surge ante los dramas sufridos por los enfermos mentales internados en los asilos durante la Segunda Guerra Mundial. El sector quería y quiere ser un instrumento de tratamiento, vuelto hacia el exterior del hospital, en relación con los otros agentes que están sobre el territorio, desplegando la atención al enfermo lo más cerca posible de su propio entorno. La red asistencial, tal como hoy se promueve, obedece ante todo a una lógica de gestión cuyo objetivo sería la prevención. Siguiendo esta ló-

* Publicado en *Mental*, 18 (2007). Si bien los componentes de la mesa debaten sobre la situación de la psiquiatría y la asistencia en salud mental en Francia, la mayor parte de las cuestiones son compartidas por otros países en especial europeos. Traducción de Rosalba Zaidel.

gica, esta red apunta a una dimensión que excede mucho el campo psiquiátrico y de la atención clínica; toca a lo sanitario, a lo social, a lo médico-social, a la educación, incluso a la justicia. ¿La red está pensada como instrumento de prevención y de atención, construida alrededor de un sujeto o como medio de control de lo que podría salirse de la norma?

AGNÈS AFLALO: Soy médico jefe de una consulta de niños y adolescentes de una asociación, Ley de 1901, de renombre internacional. Mi servicio está situado en Seine-Saint-Denis (93) y asume una misión de servicio público (las funciones intersectoriales). El malestar de los jóvenes fue perceptible mucho antes de los episodios violentos de los barrios periféricos en el otoño de 2005 y, desde hace algunos años, me pregunto cómo abordarlos antes de que su malestar cristalice, cómo asegurar una prevención. En su origen, el sector tenía una doble misión de atención y prevención. Progresivamente, la prevención, que no aparecía en los presupuestos sanitarios, ha sido olvidada. En el dispensario acogemos todas las demandas. A veces, se trata de síntomas psiquiátricos y otras no es así. Sin embargo, los padres, inquietos, nos dicen «mi niño no está loco ¿por qué se debe consultar a un servicio psiquiátrico?». Este cuestionamiento es justo. ¿Cómo tomar en cuenta un malestar que se manifiesta a menudo también en la escuela y que no compete a la psiquiatría? ¿Se debería tomar en serio e inventar otra respuesta distinta a la consulta psiquiátrica o bien deberíamos negarnos a escuchar todo lo que no sea de su competencia? Hace cuatro años tuve la idea de abrir una consulta psicoanalítica, anónima y gratuita para niños, jóvenes y sus padres. Busqué financiación, que la seguridad social rehusó con el argumento de que no se trataba de una oferta de atención psiquiátrica.

Desde que las clasificaciones internacionales han conseguido imponer la idea de síntoma biopsicosocial, re-educable a golpes de TCC,[1] se puede apostar a que la expresión del malestar se desplazará del campo psi hacia el campo social, de aquí la idea de abrir una

1. Terapias cognitivo-conductuales.

consulta de psicoanalistas que pueda acogerlo. Nuestro centro abrió en 2004 y fue la primera respuesta al problema de la prevención. Para que esta acción fuera escuchada y aceptada hice valer el argumento de que concernía a las aplicaciones sociales del psicoanálisis y no a sus aplicaciones médicas. Las autoridades tutelares de menores lo entendieron.

ACTUALIDAD DE LA PSICOPATÍA

MENTAL: con las nuevas clasificaciones DSM IV y CIM 10,[2] la enfermedad mental se borra ante la noción de trastorno mental. Una extensión así, aplicada en particular a los trastornos del comportamiento, ¿no corre el riesgo de sustraer a la psiquiatría de la atención clínica y volverla garante de métodos de prevención masivos y autoritarios?

AA: En efecto, éste es el riesgo. En el mes de diciembre 2005 la Alta Autoridad de Sanidad (Haute Autorité en Santé, HAS) organizó un coloquio, en dos jornadas de trabajo, para definir, prevenir y tratar la «psicopatía». Ésta no existe en las nomenclaturas internacionales; sin embargo, los psiquiatras franceses la mantienen. Estuve presente, estudié los documentos y consulté la bibliografía. Es sorprendente constatar que una parte de los «expertos» eran los mismos que los que participan en la elaboración de los informes del INSERM,* y en particular, aquellos sobre la evaluación de las psicoterapias que han conmovido a la opinión pública y que el ministro de Sanidad, Philippe Douste-Blazy, hizo retirar de la web de su ministerio. Para estos expertos la prevención de lo que ellos califican como trastorno mental es tan necesaria que evolucionará hacia la llamada psicopatía, es decir, pasajes al acto delictivos. Hay que saber que la psiquiatría bio-

2. DSM IV-R: *Diagnostic and Statistical Manual* – 4ª revisión; CIM 10: Clasificación estadística internacional de enfermedades. 10ª revisión (OMS).

* Instituto Nacional de la Salud y de la Investigación Médica.

psicosocial impone hoy la idea de que existe una salud psíquica —se construye a partir de estadísticas y la estadística promedio es considerada como la norma mental. Asimismo, quieren imponer, y es lo que se lleva ahora, la detección sistemática de todo lo que se salga de las normas; es el caso en particular del Trastorno de las conductas en el niño y el adolescente del informe INSERM del otoño de 2005. Todo lo que se salga de la norma estadística debe ser señalado como índice de peligrosidad y reeducado sin demora. Esta misma mañana, durante la conferencia de prensa en la que se daba cuenta de las conclusiones, los expertos recordaban que un bebé que no duerme bien, que se alimenta mal, que parece un poco agitado, o lo contrario, debe ser estudiado. Les da igual que sea un niño al que le va mal en la escuela o que se ausenta.[3] Los peritajes INSERM, las conferencias de consenso y el coloquio HAS vehiculan la evaluación estadística favorable a las TCC que nos viene de Estados Unidos. La cultura de la evaluación se instala en Francia y favorece la represión, porque estigmatiza los comportamientos llamados patológicos, sobre criterios sociales. Después de la campaña de opinión desencadenada por la amenaza de que los bebés «ladrones de juguetes» en la guardería sean considerados futuros delincuentes, me pregunté cuáles serían las conclusiones del coloquio sobre psicopatía.

Actualmente los expertos hacen seis recomendaciones.[4] Hay que admitir que han retrocedido respecto a la afirmación «científica» de que existe una relación entre el trastorno de conducta y la delincuencia «psicopática». Han retrocedido en la forma pero no el fondo. En lugar de utilizar el DSM que habla de «personalidad antisocial», los expertos eligen la CIM 10, que habla de «personalidad disocial», o bien recomiendan, a título de precaución oratoria, utili-

3. Se retoma aquí lo que aparece bajo el título «Les signes d'appel» en la Audición pública sobre «Prise en charge de la psychopatie», de 15 y 16 diciembre de 2005, que se puede descargar en la página web: www.has-sante.fr (web de la Alta Autoridad de Sanidad).

4. *Ibid.*

zar el término de la OPEP[5] en lugar del de «psicopatía». No se trata de algo humorístico. Sobre el informe entre la psicopatía y la delincuencia, la comisión recomienda la prudencia, lo que no le impide proponer la utilización de la escala de Hare.[6] ¿Cómo no evocar *Minority report*? Con esta escala, el sujeto será juzgado no solamente por los actos que haya cometido, sino también por sus intenciones, y si éstas son juzgadas criminales, se podrán aplicar las penas más duras. Algunos juristas se alarmaron ante este atentado a los Derechos Humanos. Los expertos de la HAS han retrocedido en apariencia, pues dicen que hay que utilizarla con prudencia, pero agregan que hay que asociarla a otra evaluación, profunda, con otras escalas de la misma calidad.

J-DM: Se trata de una encuesta muy amplia. Como para el trastorno de conducta: en la maternidad se interroga a la comadrona, en la escuela a la maestra, al médico escolar, en las instituciones, a los educadores... Se vuelve una encuesta de opinión.

DOMINIQUE VALLET: En esta encuesta muchos autores subrayan la necesidad de una detección precoz en la infancia de signos que pudieran ser evocadores de una evolución hacia trastornos psicopáticos. En los estudios concernientes a psicópatas adultos el análisis retrospectivo de los antecedentes encuentra, estadísticamente, una frecuencia mucho mayor de comportamientos violentos durante la infancia. Los autores toman la precaución de indicar que el diagnóstico de psicopatía no puede manejarse más que en la edad adulta y los elementos evocadores en la infancia de la potencial psicopatía son abordados solo en condicional.

Más allá de estas precauciones, se miden los límites de una apreciación puramente objetiva. Algunos se vinculan a la construcción misma del modelo criteriológico, otros a la dificultad de objetivar el criterio en un dominio tan complejo como el de la subjetividad. Estos estudios son, además, susceptibles de utilizaciones criticables, pues, en una dimensión psicosocial, se vuelven herramientas mal

5. OPEP: organización de la personalidad de expresión psicopática.

6. La escala de Hare, en «Prise en charge de la psychopathie», *op. cit.*, p. 57.

orientadas de apreciación del comportamiento, en particular en el niño.

Mas allá de lo que se pueda oponer a los abordajes conceptuales en torno a lo que ahora se aísla como trastornos del déficit de atención en el niño (TDAH), se pueden medir los efectos de un recurso, a veces muy extendido en ciertos países, como la utilización de terapias biológicas como el Metilfenidato.

AA: Otra recomendación de la HAS se refiere a la investigación. La humildad de los expertos reunidos era sorprendente. Juzgaron que debieron tomar precauciones porque les faltaron muchos datos «científicamente válidos», es decir, evaluados con estadísticas.

Durante la audición pública de diciembre de 2005 se abordó el tratamiento de la psicopatía. Consiste, entre otras, en «establecer en cada departamento un protocolo precisando de manera clara y vinculante las condiciones de tratamiento en el sector psiquiátrico de los menores con edades comprendidas entre los dieciséis y los dieciocho años»,[7] a fin de evitar las rupturas, como la ausencia de tratamiento. Ahora, en la Educación Nacional una circular de diciembre de 2003 pide que los niños «con problemas» sean localizados por el personal, desde las camareras de comedor hasta las autoridades responsables, y que ello sea consignado sobre un «carné de salud psíquica». En lo que concierne a los adultos, les leo un punto que conviene señalar: «Las curas psicoanalíticas no están indicadas para las personalidades de tipo psicopático. Mientras que el abordaje psicoanalítico permite sobre todo ofrecer a los terapeutas una pauta de comprensión» y continúa: «Las terapias cognitivo-conductuales contemplan modificar de forma duradera los comportamientos por un abordaje pragmático».[8] Es difícil no considerar que una vez más para el psicoanálisis el bonete de asno y para las TCC la palma.

Respecto a la articulación de los campos sanitarios y judicial, la comisión ha expresado asimismo su malestar en relación con los textos legislativos, y más particularmente con la ley del 12 de diciembre de

7. *Op. cit.*, p. 33.
8. *Ibid.*

2005, que multiplica los recursos para los peritajes psiquiátricos y que sitúa la perspectiva de la atención en la lógica de la vigilancia.[9] Una vez más el problema concierne a las reincidencias delictivas y las escalas de las TCC sobre la peligrosidad.

Se recomienda también establecer en las prisiones un protocolo precisando las modalidades de intervención de los diferentes agentes biopsicosociales y retirando los medios para los tratamientos por orden judicial. Entramos en una era en la que no reinarán más la libertad ni el consentimiento a la atención. La atención no será ya un derecho, sino una obligación de la que los «expertos» psiquiatras serán los jueces de los ciudadanos.

Un último punto concierne a la formación de los diferentes actores implicados. Se trata de una formación específica que apunta a ofrecer un cuadro terapéutico y educativo estructurado para los agentes a fin de darles una «cultura común». En efecto, «los intercambios entre los agentes debe ser el objeto de un protocolo riguroso». Es decir, que hace falta a la vez «una sutura social»,[10] este nuevo significante-amo que habla de sí mismo, y la «cultura común» biopsicosocial. Los expertos de la HAS han retomado, pues, las difuntas propuestas de ANAES, severamente criticadas durante los Forums Psy organizados por Jacques-Alain Miller en Francia.

LAS REDES DE ATENCIÓN

MENTAL: ¿Cuál es el funcionamiento de las redes de atención en el campo de la psiquiatría? ¿Cómo se articula vuestra práctica clínica en estas redes de atención?

J-DM: En su origen, la red de atención partió del movimiento de los médicos que tenían que ver con todas las grandes enfermedades en las

9. Ley nº 2005-1549 del 12 de diciembre 2005 relativa al tratamiento de la reincidencia de las infracciones penales.

10. *Ibid.*, p. 37.

que el acto médico, el acto terapéutico no era suficiente: la diabetes, el sida... Los médicos se dieron cuenta de que para dar la atención apropiada —para el sida, por ejemplo, con el oportunista problema de las infecciones— les hacía falta una enfermera, una asistente social, vínculos entre especialistas. Las asociaciones de enfermos participaron en estas redes. La cuestión es que, como sucede a menudo en Francia, cuando algo surge con éxito como la respuesta a una pregunta, se la quiere aplicar a todas. Ahora la red seduce a las autoridades porque piensan que supondrá un ahorro.

DV: Es un funcionamiento que puede encerrar el riesgo de la propia existencia de la red.

J-DM: La red tiene sus benefactores, sus asociaciones, su propia cultura.

AA: Creo que es Bernard Kouchner (ministro de Sanidad) quien extendió la aplicación de la red de la medicina a la psiquiatría.

J-DM: Si busca en el anuario de redes de atención en París las que conciernen a la enfermedad mental, hay allí una, la red Victimo, que, dicen ellos, va muy bien. Recientemente una paciente psicótica, a la que veo una vez por semana desde hace tiempo, a la vuelta de un viaje pierde su maleta donde tenía los «tesoros» que ella confecciona y vende. Drama. Se queda encerrada tres días en su casa, no va a trabajar. El día de nuestra cita me telefonea para decirme que irá a la comisaría. Acuerdo. En la comisaría se hunde, le proponen encontrarse con un psiquiatra o una psicóloga. La paciente, que ha visto a otros, acepta. Muy rápidamente llega una psicóloga que le explica que su formación en victimología le permite hacerle comprender de qué se trata. Durante casi tres horas trata de hacerle entender que ella es víctima de una violación (*viol*). Mi paciente, que tiene el sentido de las palabras, la corrige: «No, un robo» (*vol*). La psicóloga acaba proponiéndole una hospitalización. Mi paciente se recobra y se dice que, a pesar de todo, todo eso es demasiado por una maleta perdida. Vuelve a su casa. Allí recibe una nota de la SNCF[11]

11. Service National de Chemins de Fer, Compañía nacional de ferrocarriles franceses.

informándole que su maleta ha sido hallada. La veo a la semana siguiente. Quizás vaya a ver a esa gente que le ha hecho bastante publicidad para ocuparse de ella. ¿No se ha dado cuenta de que ella también es víctima del psicoanalista que ve en su sesión, que ella es víctima de su propia historia? Durante un momento ha vacilado; la dejé vacilar y tomar su posición en todo esto. Al cabo de quince días comprendió que era mejor proseguir lo que había establecido conmigo que comprometerse con la red Victimo. Encontré extremadamente esclarecedor que la comisaría de una gran ciudad de la periferia parisiense tuviera en su listado redes que responden a las víctimas de todo lo que se quiera y que esas redes van a sondear en la comisaría.

MENTAL: Recientemente los psiquiatras liberales de París fueron prevenidos por correo de que algunos de sus pacientes podrían encontrárselas. Efectivamente, estas redes difunden muy ampliamente sus servicios.

J-DM: Son muy amables y convincentes. Pero no respetan el consenso habitual de estar a disposición de una experiencia, de una práctica, de un producto. En este caso, están en un cierto tipo de colusión con la policía, sostenida por las autoridades. Es en efecto complicado encontrar un psiquiatra o una psicóloga del sector disponible para una urgencia; se tardan quince días en obtener una cita en el CMP[12] de la zona. Mientras que, con la red, algún profesional está disponible inmediatamente; también la policía y la gendarmería[13] las utilizan. Su ideología es la de la respuesta urgente a la urgencia misma, para convencer, con la aparición repentina, de que están allí siempre.

AA: A la demografía de los psiquiatras en caída libre unimos las preocupaciones a propósito de las leyes sobre los psicoterapeutas. El problema es sobre todo económico: se trata de obtener el «tratamiento» de los pacientes por parte de profesionales poco o nada formados. Cuando nosotros nos esforzamos por localizar si un paciente, psicó-

12. Centro médico-psicológico.

13. Institución similar a la Guardia Civil española.

tico, está estabilizado, hacemos lo que los nuevos psiquiatras ya no hacen. Ellos hacen entrevistas estructuradas o semi-estructuradas con casillas y casos. Una vez establecido el diagnóstico según dichos criterios y prescrito el «tratamiento», el psiquiatra no volverá probablemente a ver al paciente. Éste será confiado a psicólogos TCC que lo reeducarán en algunas sesiones. Si debemos mantener un contacto con la psiquiatría actual es en relación con los problemas que ello creará a los pacientes. En cuanto al término de «red», hay que considerarla como un significante-amo. La cuestión es ahora saber qué significado darle. Para los niños y adolescentes de los que me ocupo en la zona, la red tiene otro valor. Está constituida por un cierto número de personas que trabajan con ellos según su función social, educativa, clínica, etc. Cuando nos encontramos, el problema planteado es el de la orientación de cada uno. Para nosotros, es lo real del síntoma e invitamos al sujeto a sacar por sí mismo las consecuencias de lo que pueda allí captar.

J-DM: No somos hostiles a la idea de red. Es un trabajo que llevamos a cabo a partir del momento en que hacemos una psiquiatría abierta a la ciudad y ya no solamente una psiquiatría que se circunscriba al ámbito hospitalario, donde nos preocupamos del asistente social, del médico de trabajo, del empleador, etc., tanto en cuanto a los adultos como a los niños. Se diferencia de la ideología de las redes de atención. En las redes especializadas, como Victimo, se limitan a atender dos temas, depresión y suicidio, con los objetivos de aportar ayuda y atención a las víctimas y de reducir el tiempo de tratamiento de pacientes víctimas de traumatismos.

AA: Nosotros también nos empleamos en ellos en tanto que constituyen trabajos con las redes, pero con la ética del psicoanálisis, que tiene su eficacia.

FRANCESCA BIAGI-CHAI: Trabajo en el seno del hospital psiquiátrico de Villejuif con colegas que están trabajando en el sector, con las asociaciones que hacen el seguimiento a domicilio, etc. Todo ello está en red desde hace mucho tiempo. Tenemos una orientación de sector en la que el punto de partida está articulado a la clínica del sujeto.

Nuestra lógica de red es centrífuga, es decir, que hay una línea de fuerza que parte del paciente. Actualmente, con la instauración de programas específicos, la relación red/sector es inversa. La enorme envergadura de los programas específicos hará volar en pedazos la dimensión del sujeto en el tratamiento, en provecho de categorías homogéneas mono-sintomáticas. La financiación de los programas específicos estará asegurada por una cobertura presupuestada de manera independiente, con financiación por actividad. Y la actividad, como sabemos, está en vías de codificación.

J-DM: Es, en la actualidad, la asociación clínica-gestión. En la ley Mattei «Hospital 2007», el jefe de programas específicos es un manager.

AA: Hay que hacer justicia a Philippe Douste-Blazy, que, mientras era ministro de Sanidad, modificó el Plan Salud Mental. En tanto se trataba de disolver el sector absorbiéndolo en la constitución de programas específicos, él aceptó mantener su valor.

DV: Desde hace más de quince años el sector ha visto una reutilización considerable de sus medios. El número medio de camas de hospitalización ha disminuido. Se han desarrollado estructuras alternativas a la hospitalización, privilegiando, a veces, abordajes más específicos en ciertos tipos de trastornos. Hubo aquí un cambio profundo en la política de sector. Hoy es difícil encontrar una plaza de hospitalización, ya que a menudo hay un imperativo de reducir al máximo, siendo a veces demasiado corta, la duración de las hospitalizaciones. Si esto satisface los objetivos de la lógica contable de la disminución de la duración media de estancia, no va en el sentido de un mejor tratamiento de las enfermedades psiquiátricas. La excesiva especialización de las redes puede hacerse en detrimento de un tratamiento más global del paciente en su trayectoria de vida. Se han gastado sumas considerables en estos nuevos dispositivos para un rendimiento que a menudo es juzgado como mediocre. Si la regulación de costes es una necesidad en salud pública, la psiquiatría, en la que los avances científicos no se traducen como tales en sobrecostes del tratamiento, no ha sido sostenida dentro de sus necesidades más específicas, en particular en lo que atañe a personal de atención. Falta personal en este ámbito.

FB-C: Como los electroshocks: ¿por qué ese silencio sobre su aumento? Ciertos servicios de psiquiatría prescriben series de electroshocks en primera instancia, incrementando considerablemente sus indicaciones. Es suficiente escribir «electroterapia» en Internet para medir la importancia y el desarrollo de esta práctica.

DV: La terapia electroconvulsiva es uno de los únicos actos en psiquiatría cotizado en la nueva financiación por actividad que está poniéndose en marcha. Si bien mantiene su interés en ciertas indicaciones no debe, sin embargo, desviarse de este marco estricto.

MENTAL: La práctica de sector se funda sobre los intercambios y una confianza compartida entre los diferentes *partenaires*. Ahora bien, de momento es una red impuesta desde el exterior. Es un puro organigrama.

J-DM: La desinstitucionalización de la psiquiatría, que se remonta a la década de 1970, con la idea de cerrar los hospitales psiquiátricos, podía ser sostenible porque había la necesidad de renovar la institución psiquiátrica, que databa de 1838. La cosa era sostenible en tanto que el sector reposaba sobre una cierta concepción de la patología mental y del seguimiento de los pacientes, es decir, mientras la hospitalización suponía un tiempo y el seguimiento extrahospitalario introducía otro tiempo con sus consultas y sus hospitales de día. Finalmente se percataron de que las hospitalizaciones *ad vitam aeternam* de un cierto número de pacientes habían sido sustituidas por otra forma de tratamiento más moderno; tenían los medicamentos, podían vivir fuera del hospital con más frecuencia.

AA: La introducción de los medicamentos modificó radicalmente su destino de acabar en un manicomio, pero también, y sobre todo, los aportes de la disciplina freudiana, que demostró que estas «enfermedades» no eran ni infecciosas, ni hereditarias ni sociales. Ya no fue necesario garantizar el mantenimiento del orden por pertenecer a las clases peligrosas, manteniéndolas aisladas, lejos de las ciudades, en los manicomios.

J-DM: La ideología del sector ha permitido que se disponga de un dispositivo de atención para estos pacientes. Lo problemático es que el uso de las redes de atención y de los programas específicos, en su definición actual, se aleja de la política del sector en el sentido de que se aleja del territorio. La problemática de los programas específicos apunta, en efecto, a reunir un cierto número de sectores para optimizar los recursos. En Essonne, por ejemplo, fuimos bastante punteros sobre la cuestión del sector. Hace ya unos veinte años creamos unidades de hospitalización que aún funcionan de forma satisfactoria. Son unidades constituidas en el territorio, las familias no están lejos, lo que permite reinsertar a los pacientes. Pero, en tanto que los hospitales psiquiátricos están aún desplegándose, la racionalización económica es tal que, a nosotros, que estamos un poco adelantados, nos pidieron que nos volvamos a centralizar. Un gran hospital del sur de París está en construcción y reagrupará todos los servicios de dos hospitales (Corbeil y Evry), incluyendo allí los de psiquiatría.

LA FORMACIÓN

AA: La formación es contemporánea al momento en que la psiquiatría vuelve al seno de la medicina, en el que ya no hay el internamiento propio de la psiquiatría, solo hay un tipo de internamiento para todas las especialidades. Entonces la «enfermedad» mental es, otra vez, pensada sobre el modelo de la enfermedad infecciosa.

FB-C: La formación de las enfermeras psiquiátricas ya no es una formación específica.

DV: La elaboración de la política de salud pública no escapa a las presiones de los diferentes grupos que concurren en su aplicación. Como sabemos, el debate público, a veces, es apasionado. Cada uno trata de aportar su grano de arena, sin descuidar la defensa de sus propios intereses. Los problemas en este dominio son complejos. Se puede evocar la situación particular de los médicos asistentes generalistas que trabajan desde hace tiempo en el sector psiquiátrico. No han recibido formación universitaria en psiquiatría. La reglamentación apunta a darles la cualificación de psiquiatra sin el pasaje obligatorio al cual deben someterse los psiquiatras durante su formación. Naturalmente, los universitarios que estudian psiquiatría han señalado este problema.

En la actualidad la Alta Autoridad de Salud aplica la evaluación de las prácticas profesionales. El esfuerzo de investigación de la calidad es legítimo. Su puesta en marcha es más compleja. Nadie se priva de querer estar en el meollo de la puesta en marcha de los criterios de esta evaluación. Después de una primera etapa de acreditación de los establecimientos de atención clínica, ahora estamos en la etapa de la certificación. Se mide la dificultad dado que la investigación de consenso reduce a veces considerablemente el alcance de lo que se pudo aceptar como criterio de calidad. El próximo paso será el de la evaluación de la formación continuada.

J-DM: Hay allí un movimiento que nos sobrepasa ampliamente. Nos hemos implicado de buen grado estando presentes en las diferentes comisiones con los colegas médicos, nos arrastra una máquina. La misma idea que tuvimos de la necesidad de atención clínica para los sujetos psicóticos fue transformada por estas máquinas infernales que se adelantan y no vemos claro cómo evitaremos la precipitación de estos dispositivos del lado de lo médico-social en detrimento de la atención clínica. La gestión de la salud reposa sobre la voluntad de favorecer lo sanitario puro y que pide una tecnología avanzada —lo que en psiquiatría parece inadecuado—, y luego el resto de atención es de acompañamiento. No se paga a un especialista que ha hecho quince años de estudios como se paga a alguien que aplica las consignas de atención clínica. Esto es lo que está en juego y es delicado para la psiquiatría, porque ésta es un síntoma de todo esto y es arrastrada por el dispositivo. Hasta el punto de que un cierto número de personas están preparadas para producir un *impasse* sobre la psiquiatría. Así, en Italia, el cierre de los hospitales psiquiátricos ha llevado a que los psicóticos estén en la calle durante más de diez años. Este tipo de orientación puede ver extenderse su temporalidad sobre una generación.

AA: En Francia tenemos la oportunidad de tener una cultura del psicoanálisis, el cual permanece extremadamente vivo, gracias a la enseñanza del doctor Lacan y a los psicoanalistas decididos como Jacques-Alain Miller. Desde este punto de vista, tenemos interés en estar muy atentos, hacer valer un cierto número de puntos para guiar a los que deciden en materia presupuestaria.

LA OBLIGACIÓN DE ATENCIÓN CLÍNICA

MENTAL: Las hospitalizaciones bajo coacción son cada vez más numerosas, lo que contradice el espíritu de la ley del 27 de junio de 1990, que afirma el principio de la hospitalización libre y a elección del paciente. ¿Es siempre una herramienta necesaria la hospitalización bajo coacción?

FB-C: Me sorprendió una frase en la propuesta de reforma de mayo de 2005 que concierne a la ley de junio de 1990, que reglamenta las hospitalizaciones bajo coacción. Esta frase da la lógica del conjunto: «Tratándose de modalidades de atención bajo coacción, la misión recomienda pasar del régimen de hospitalización bajo coacción al de la atención clínica bajo coacción a fin de disociar la obligación de atender de sus modalidades, hospitalización o alternativas a la hospitalización».[14] De la hospitalización se deslizan a la atención clínica, que es mucho más general. La hospitalización bajo coacción queda como una medida útil en los momentos de fuera-de-discurso del sujeto. La generalización de la atención clínica es otra cosa. Se presenta como una alternativa a la hospitalización, y al mismo tiempo el imperativo de atender no es más que una manera seudopreventiva de hacerlo.

J-DM: Es la paradoja: se denuncia el hecho de que haya una inseguridad creciente y, al mismo tiempo, se retrocede respecto a la cuestión de la hospitalización. No me ofuscó la necesidad de atención bajo coac-

14. «Propuesta de reforma de la ley del 27 de junio de 1990 relativa a los derechos y a la protección de personas hospitalizadas en razón de trastornos mentales», pp. 4/5. Esta propuesta se puede descargar de la web de la Inspection générale des affaires sociales.

ción, es para eso para lo que sirven algunas de nuestras hospitalizaciones en psiquiatría. Recientemente, intervino un procurador con motivo de los permisos de prueba prolongados durante las hospitalizaciones de oficio (HO) y las hospitalizaciones a demanda de un tercero (HDT). Su misión era defender las libertades públicas, lo que hace pensar que la institución judicial tiene quejas sobre las prácticas de la institución de la prefectura, recomendando para ello hacer un uso restringido de la HO y no utilizarla para brindar atención clínica bajo coacción, lo que es una práctica corriente y apropiada en ciertos casos. Por ejemplo, para un paciente erotómano, pedimos un permiso bajo HO que puede durar dos, tres, cuatro años. Este sujeto no tiene, en efecto, ninguna razón para modificar su posición, está fijado a su objeto erotomaniaco y continuará estándolo toda su vida. Los permisos sin alta son nuestro único medio de tener un control. Se puede criticar esta práctica en nombre de las libertades, a riesgo de confundir el sujeto y el ciudadano, pero la atención clínica bajo coacción es la única alternativa a la hospitalización ilimitada.

FB-C: Es entonces una herramienta extraordinaria, a condición de que sea «bajo transferencia». Es entonces una herramienta manejada por un psiquiatra que conoce a su paciente, que sabe que para dicho paciente un permiso bajo HO o HDT le permitirá anudar un lazo social, y que este sujeto podrá encontrar una estabilidad al hacerse un lugar en el mundo y no porque haya criticado su delirio. Es este saber sobre el sujeto lo que permitirá al psiquiatra levantar la coacción en el momento deseado, es decir, en el buen momento. Sabe que serán necesarios muchos años antes de que el paciente produzca una estabilización. Es bien distinto de lo que ahora se propone bajo el término de «atención bajo coacción», que se reduce a menudo a una HO o una HDT caprichosa, rápida, seguida de una «obligación de atención».

J-DM: Conocemos el límite de las obligaciones de atención y de atención bajo coacción. Ha habido leyes de obligación de larga duración, para la atención clínica, que jamás han dado nada. Para los alcohólicos, los toxicómanos, etc., eso en verdad no funciona, es puramente formal.

DV: Hay que subrayar, no obstante, que para los toxicómanos la aplicación de tratamientos de sustitución ha reducido, de manera muy significativa, el desarrollo de contaminaciones por VIH. Pero esto supone desplazar este difícil problema hacia nuevas dimensiones.

J-DM: Esto se desplazó hasta el punto de que en este momento se quiere penalizar el uso de Subutex.

LAS CONSECUENCIAS DE LA JUDICIALIZACIÓN DE LA SOCIEDAD

FB-C: Dos factores me hacen ser pesimista. De entrada, la judicialización de las HO y de las HDT, es decir, su cambio de forma. En este momento, el juez será el que decida; no es lo mismo una salida de la hospitalización de oficio decidida por un juez o decidida por el psiquiatra. Por otro lado, desde hace más de seis meses me enfrento a la actitud de tutores y de cuidadores nombrados por el hospital. Por ejemplo, propongo una salida para un paciente porque es terapéutica y el tutor la rechaza tomando como pretexto que el paciente no debe dilapidar su dinero. Se crea así una nueva relación de fuerza. Pienso en un paciente que quería quedarse en Argelia para ver a su familia y que era una etapa fundamental en su recorrido. La tutora, a quien se le hizo la demanda para la financiación del billete, se negó: «¿Cómo? ¡Quince días! No, es muy prolongado. No necesita ir allí». Al final, el paciente se fue, pero después de un largo y penoso trabajo de discusión con ella.

AA: A partir de un momento nos dimos cuenta de que debíamos tratar en psiquiatría con un síntoma biopsicosocial. Ahora, el síntoma psi, y de una manera que solo concierne a las HO y HDT, también es judicial. Lo que me chocó durante el coloquio sobre la psicopatía es que ningún psiquiatra hizo referencia al caso de un paciente. Los únicos que aportaron viñetas clínicas fueron los jueces. He aquí la paradoja actual: por un lado, hay una presión enorme de los psiquiatras para judicializar los comportamientos, el síntoma, la personalidad, y por el otro, el único lugar donde el sujeto es escuchado está en el despacho del juez, que, así, se orienta a partir de lo que ha oído.

MENTAL: No hay una gran especificidad de la psiquiatría durante los estudios de psiquiatría. La falta de referencias haría que los psiquiatras tengan una actitud moralizante.

DV: La psiquiatría de comienzos del siglo XX estaba marcada por una dimensión moral. Aún se hablaba fácilmente del «débil», del «degenerado». Es interesante considerarlo dentro del debate contemporáneo sobre la psicopatía. Los orígenes de este concepto son antiguos. Ahí se encuentra lo que fue descrito por Prichard como *moral insanity*, que luego fue la sociopatía. Aún en nuestros días la psicopatía es abordada en su dimensión de desviación en relación con las normas sociales. Muy raramente es evocada en una perspectiva más global del funcionamiento del sujeto, en una referencia sin duda más frecuente a la psicosis pero también a veces a la neurosis.

AA: Las dos principales escuelas de psiquiatría que nos han enseñado fueron la escuela alemana y la escuela francesa. Esta clínica no separaba los pasajes al acto de los síntomas. Incluso en H. Ey, más próximo a nosotros, no se encuentra la psicopatía. La psicopatía no existe, los expertos, a falta de una orientación clínica, tratan de crearla. En cambio, existe ahora un nuevo *partenaire*: el criminólogo. Es interesante esta introducción del criminólogo en la psiquiatría, cuando se recuerda lo que precedió a la creación de los asilos. En esa época, hubo que separar los «enfermos mentales», en los que el pasaje al acto se refería a una patología, de los verdaderos criminales que no eran patológicos y a los que se metía en prisión. Entonces era el asilo o la guillotina. Lo que se deshizo en el siglo XIX está reconstruyéndose, salvo la pena de muerte. Asistimos, en efecto, a una judicialización y una medicalización de nuestra sociedad. Por eso, por un lado, se encarga «la salud mental» a los expertos, y, por otro, éstos no saben diferenciar lo que corresponde o no al campo de la atención clínica. Es por lo que se embrollan, en particular, con el problema planteado por la presencia o no del sentimiento de culpabilidad. En efecto, el pasaje al acto no se calcula de la misma manera cuando, para un sujeto, la culpabilidad está presente o no. Una vez que los expertos reconocen que no disponen ni de nosografía, ni de estudios «científicamente válidos», en la inconsecuencia, continúan juzgando según sus criterios de moral higienista.

DV: En las clasificaciones nosográficas actuales, las enfermedades mentales se borran ante la noción de trastornos mentales. En esta perspectiva, el abordaje de trastornos esquizofrénicos se presta sin duda más a un abordaje científico modelable dentro de los estudios y de los protocolos estandarizados. Éstos tienen su interés, pero también sus límites. Con respecto a la psicosis, se puede medir, en esta orientación, el desequilibrio importante entre la multiplicidad de los trabajos respecto a los trastornos esquizofrénicos y los mucho menos frecuentes respecto al trastorno delirante persistente. La antigua paranoia se presta, en efecto, mucho menos a este tipo de investigación.

MENTAL: ¿Cuáles son las consecuencias de la abolición del artículo 64, que se refería al estado de demencia para pronunciarse contra las indemnizaciones, y su sustitución por el artículo 122-1, que introduce el concepto de alteración del discernimiento del lado de su abolición?[15] El artículo 122-1 sugiere que la autoridad del juicio adapte la pena a esta circunstancia.

J-DM: Se sabe que, entre las 58.000 personas actualmente detenidas en Francia, un número de ellas presenta síntomas psicóticos.

FB-C: Se destinó una tarde a visitar las prisiones en la ACF Île-de-France.[16] Se evocaron allí los recorridos de algunos prisioneros. Todos habían pasado por la atención psiquiátrica, con o sin hospitalización, pero el

15. Artículo 122-1 del Código penal: «No es penalmente responsable la persona atacada, en el momento de los hechos, de un trastorno psíquico o neuropsíquico estando abolido su discernimiento o el control de sus actos.

»La persona que está atacada, en el momento de los hechos, de un trastorno psíquico o neuropsíquico estando alterado su discernimiento u obstaculizado el control de sus actos será punible; toda vez que la jurisdicción tenga en cuenta esta circunstancia para determinar la pena y fijar el régimen».

16. «Prisiones... La acción concreta del psicoanálisis es beneficiosa dentro de un orden duro», J. Lacan, *Autres écrits*, p. 128, Bibliothèque Confluents, ACF Île-de-France, primavera de 2006.

diagnóstico de psicopatía, basado sobre los hechos y no sobre el discurso, los había desviado de la atención clínica. Por ejemplo, uno de ellos con un primer pasaje al acto que lo condujo a prisión. A la salida se encuentra mal y se dirige a la psiquiatra. No se toma en cuenta su demanda y, para poder hablar con alguien, acaba por volver a la prisión.

AA: Para los que llevan los casos, estos sujetos tienen personalidades normales; cometen pasajes al acto, entonces hay que mandarlos a prisión. Hasta aquí van bien. Lo que es impresionante es que allí, en prisión, se perciba que son psicóticos. ¿Creen que, al revés, los expertos se preguntan si tal vez lo eran antes? En absoluto; sostienen que estas personas son sanas y que son las psicosis las que son lábiles. En ningún caso se señala la perspectiva de una estructura clínica. ¿Cómo pensar una prevención de los pasajes al acto sin una referencia del sujeto en la estructura?

FB-C: Si el párrafo 1 del artículo 22-1 implica la abolición del discernimiento o del control de los actos para excluir la responsabilidad, existe un párrafo 2 que estipula que «la persona que estuviera atacada en el momento de los hechos de un trastorno psicótico estando alterado su discernimiento u obstaculizado el control de sus actos, será punible; no obstante, la jurisdicción tiene en cuenta esta circunstancia para determinar la pena y fijar el régimen». El legislador aduce la ley de todo o nada del antiguo artículo 64 del Código Penal —responsable o irresponsable— al crear, con la alteración del discernimiento o el control de los actos (122-1 a 2), una zona fronteriza. Para evitar referirse a ella y declarar a los sujetos enteramente responsables, los expertos lanzan el término de «perversión narcisista». ¿Por qué? En un peritaje, se puede sin embargo desplegar la idea de que el sujeto es normal en su manera de ser pero que hay, por ejemplo, una idea delirante que se le impone, el significante opera en él de una manera programada, a veces, ineluctable, contra la cual él ha luchado más o menos. Ciertos criminales, siendo psicóticos, pueden encontrarse en prisión, es el jurado quien es soberano. ¿No hay nada que decir sobre este tema? ¿Por qué no? Por el contrario, lo grave es un proceso que no tiene en cuenta la menor circunstancia atenuante mientras que la patología es, para nosotros, a menudo evidente. Las contorsiones de los expertos son extraordinarias. En este sentido, hay que leer el libro de Pierre Alfort,[17] el abogado de Patrice Alègre. Relata en su obra las afirmaciones de los expertos, que dicen «que no está excluido que, dentro del desencadenamiento paroxístico, haya una desrealización (alteración de las percepciones del ambiente) y una despersonalización (alteración del cuerpo propio) pero, mientras tanto, se conserva la prueba de la realidad». No hay una percepción justa del ambiente, no hay sujeto, pero ¡la realidad bien que se mantiene! Y ahora la referencia a una seudo percepción de la realidad, se evita la aplicación del artículo 122-1 a 2. No se admite ninguna circunstancia. Los expertos se han vuelto los testigos de cargo.

MENTAL: Sin embargo, la atenuación de la responsabilidad estaba dentro del espíritu de la modificación de la ley.

AA: Ciertos expertos quieren que los pacientes sean encarcelados y para ello, explicaban en el coloquio, dentro de su peritaje ellos dan cuenta del caso de tal manera que el paciente pueda ser asequible a la pena. Son las ideas del experto las que valen, no la clínica del sujeto.

J-DM: El responsable de los expertos de una Corte de Apelación me explicaba que, dentro de los dominios técnicos, los magistrados llegan a establecer los criterios del buen experto a partir de los saberes establecidos, pero en relación con los psi su dificultad era inmensa.

DV: El peritaje, particularmente en psiquiatría, es un difícil arte. Los expertos ahora suelen estar incómodos al transmitir en una dimensión inteligible para todos lo que ellos deben peritar. Es una de las grandes dificultades del ejercicio que puede ser mucho mayor en tanto que la clínica del experto no reposa sobre concepciones psicopatológicas fuertes. Ahora bien, dentro del mismo enunciado, a veces es posible escuchar algo y su contrario.

AA: El doctor Lacan decía del psicoanálisis que éste afirma que la determinación mayor del crimen es la concepción misma de la responsa-

17. P. Alfort y S. Durant-Soufflant, *J'ai défendu Patrice Alègre*, Seuil, París, 2005.

bilidad que el sujeto recibe de la cultura donde vive. Es importante no separar al sujeto del acto que él cometió. J.-A. Miller anticipó en términos casi equivalentes que no hay clínica del sujeto sin clínica de la civilización.

DV: Se la ha reducido a menudo al enunciado según el cual es necesario que el psicótico sea «responsable» de su acto. Esta dimensión es compleja y la responsabilidad del sujeto psicótico no puede ser reducida solo a la responsabilidad penal. Hay aquí mucho más en juego en cuanto a la atención clínica.

AA: Puede haber circunstancias atenuantes. En efecto, se debe estar atento a la dimensión llamada inmotivada de un crimen y, al mismo tiempo, no hay que separar a un sujeto, que fue a buscar una sanción, de su acto. El crimen inmotivado no siempre da cuenta de la autopunición.

LA PSICOSIS, TRASTORNO O ESTRUCTURA

MENTAL: En el caso del drama de Pau...

J-DM: Este paciente tenía los atavíos del toxicómano. Es lo que fue puesto por delante para ser considerado un sujeto normal.

AA: Con la clínica de los mono-síntomas, las grandes estructuras ya no son reconocidas y la psicosis ordinaria aún menos. Muchas salen en las portadas de los periódicos a falta de buenos diagnósticos, y a tiempo.

DV: Ya no son estudiadas como tales.

AA: La utilidad pública de nuestra escuela y lo que se hace en las Secciones y Antenas Clínicas del Campo Freudiano permiten familiarizarse con esta clínica mucho más fina, que será una orientación para los practicantes.

DV: El interés de hoy por los trastornos del humor encuentra una enorme acogida en el discurso científico. Desde tal perspectiva hay que prestar atención para no descuidar, detrás de lo que podría presentarse como trastornos psicóticos, lo que daría más bien cuenta de trastornos del humor. Esta asunción creciente de los trastornos del humor, por el lado del discurso de la ciencia, puede ser puesta en perspectiva con el lugar particular que nosotros nos damos en la psicosis, a menudo de manera extensiva en nuestra orientación psicopatológica. Más allá de las formas clásicas de la paranoia y de la esquizofrenia, está todo el lugar que nosotros le damos a la psicosis ordinaria. Nos vemos así llevados cada vez más a hacer el diagnóstico de psicosis, a menudo frente a fenómenos que, en la clínica actual, como la de los trastornos obsesivo-compulsivos o las conductas adictivas, han encontrado cierta autonomía.

FB-C: Sin embargo, cuando se sostiene, con las familias de los pacientes, un discurso fenomenológico sobre lo que les ocurre a sus niños, ellas reconocen enseguida de qué se trata.

AA: Se pueden situar los efectos y obtener su apaciguamiento. Tomemos el ejemplo en los barrios periféricos, los adolescentes estigmatizados como peligrosos. Las escuelas ya no pueden más porque son violentos, agresivos. Gracias a los lazos que tendemos con ellos vienen a vernos en el Centro de proximidad, como en el dispensario. En tanto sabemos que la violencia en cuestión se inscribe en una psicosis, clásica u ordinaria, tratamos con ellos en consecuencia, tratamos de obtener que ellos puedan subjetivar su acto. La mejora es entonces espectacular. Se apaciguan y sus familias también. Ellos saben que podrán volver porque se ha establecido un lazo de confianza. A menudo la escuela nos dice a continuación: «están desconocidos». No les decimos de qué se trata, pero el paciente y la familia lo saben. En tanto, más allá de los pretendidos trastornos del comportamiento, prestamos atención al sujeto y a lo que él nos dice de sí mismo, sí, los efectos pueden ser inmediatos.

EL SECRETO Y LA EXIGENCIA DE TRANSPARENCIA

MENTAL: El paciente ahora puede tener acceso a su historia. ¿Ha cambiado algo para ustedes el hecho de darle a conocer su diagnóstico cuando lo pide?

J-DM: Los pacientes que venían a pedir su historial clínico eran pacientes que tenían una tenacidad ya conocida. En general, les leía lo que había dentro de su historial, eso era suficiente. En cuanto a la cuestión del diagnóstico, cuando se les da un neuroléptico, leen en el prospecto: «antipsicótico». Se hacen el diagnóstico ellos mismos. Lo que cuenta es la manera en la que se habla y eso depende de los pacientes. No digo siempre lo mismo. A algunos les digo: «Sí, es un diagnóstico de esquizofrenia. ¿Es que habría preferido el de neurosis obsesiva o el de paranoia?». Otras veces les digo que son los trastornos sobre los que los psiquiatras no están del todo de acuerdo. Para algunos pacientes esto es muy importante. No hay un solo paciente para el que esto haya sido un problema. Un adolescente que recibí durante largo tiempo. Insistió durante dos o tres años para obtener el diagnóstico de su enfermedad. Le respondí: «Bueno, de acuerdo, usted es esquizofrénico». Paró inmediatamente de visitarme y se fue a ver a otro psiquiatra. Me escribió una larga carta, una extraordinaria reivindicación delirante de dos páginas para demostrarme que no era para nada esquizofrénico. El diagnóstico era evidente sobre el papel. Se piensa ahora que hay que decir completamente la verdad. En los servicios de cancerología y los que se relacionan con la judicialización, se creen en el deber de entregar el diagnóstico, antes incluso de que el paciente haya pedido lo que sea. Es una locura. El médico no está forzado a dar el diagnóstico con el pronóstico que va con él, antes incluso de que el sujeto sepa a dónde lo lleva eso. Esto será muy problemático si se nos obliga a dar los diagnósticos desde la primera entrevista. Nos topamos con la exigencia misma del amo de igualar las preguntas del sujeto a las del ciudadano, aplastando siempre un poco más lo íntimo, que ya no encuentra carta de ciudadanía.

FB-C: Cada vez más me encuentro refiriéndome a la enseñanza de Lacan acerca de los pacientes y de su decir que se está enfermo del lenguaje, que para algunos eso da las neurosis y para otros eso da las psicosis. Esto se presenta bajo diferentes formas y no es deficitario. Me encontré con una historia bastante ejemplar. Los padres vinieron a verme porque su hija se automutilaba. Habían consultado a muchos. Un cognitivista la obligó a detenerse. Ella se detuvo durante las ocho horas siguientes y luego comenzó de nuevo. Después alguien les dijo a los padres que la hicieran hablar, que le preguntaran sobre lo que iba mal. Cuanto más hablaba más se automutilaba porque ella misma no sabía lo que iba mal. Recibí a los padres. Les confirmé que era grave y que tal vez le faltaban las palabras para decir las cosas, que la automutilación tenía para ella el lugar de una palabra. Los padres entendieron porque tenían experiencia de ello. Les expliqué igualmente que el acto, si estaba inmotivado, no era sin causalidad. Los padres se acordaron entonces de que algunos días antes le habían hecho ver que el día había estado bien. Esa misma noche se automutiló. Poco después, me dijeron que su hija quería verme. Me sorprendo de ello y les pido que me repitan exactamente lo que ella les ha dicho: «Llevadme donde queráis, de todas maneras, ¡no me importa!». Les contesté que ahora entendía. «Vean, su hija, siempre ha hablado así». Hilando fino, el hecho de elaborar con los padres, utilicemos el término, un retrato psicológico en el cual reconocieron a su niña, les permitió tenerme confianza. Cuando vi a la joven ya estaba mejor. Acababa de dejar la escuela a la que había ido hasta entonces, y donde no estaba bien, para ir a una más pequeña, de lo cual habíamos hablado con los padres. No le hice más preguntas que las destinadas a saber si le estaba yendo mejor en su nueva escuela y cómo quería que trabajáramos juntas. «Lo que yo quiero es venir a verla cuando sienta que ya no estoy bien, pero no por ir mejor». Estuve de acuerdo. Aún viene a verme a un ritmo variable entre quince días y tres semanas para contarme sobre su vida. En este caso el psicoanálisis ha servido para decir que no es siempre la palabra de lo que se trata, que hablar puede a veces aumentar los síntomas y que, sin embargo, un lazo de discurso es posible. Hablar en la psicosis puede ser un imperativo superyoico muy violento.

AA: Fue en el periodo edípico del psicoanálisis donde se situaba la causalidad del lado de: «Es culpa de papá o de mamá». Otra cosa es pensar la causa a partir del lenguaje. En mi práctica actual de paidopsiquiatra, para una mayoría creciente de niños con una franca psicosis, constato que al menos uno de cada dos padres o bien tiene una psicosis desencadenada o bien una psicosis ordinaria. No estoy seguro de que pudiéramos apreciarlo hace veinte años. Es una dificultad suplementaria en el tratamiento de niños, porque nos hace incluir también a los padres.

NUESTRA ORIENTACIÓN

DV: En el debate actual, lo que nos enseña el psicoanálisis tiene, tanto como los otros abordajes, su valor científico si este saber no se presta a la lógica contemporánea de la evaluación estadística. Ello hace aún más importante el esfuerzo que se realiza al sostener la transmisión de este saber y el hacer valer nuestras investigaciones de manera tal que ello pueda ser escuchado más allá de nuestro medio.

J-DM: Nuestro discurso tendrá mayor alcance si llegamos a hacer valer que tanto la cuestión de la neurosis como la de la psicosis implica un cierto número de consecuencias. Esto implica, en la clasificación, a la vez los síntomas más patológicos y un cierto modo de ser en el mundo. No es lo mismo ser un paranoico en el hospital con un delirio constituido sobre el presidente de la República o presentar una psicosis ordinaria con su confusión alrededor de un punto de capitón. Es necesario que seamos rigurosos para no utilizar el psicoanálisis como la plancha que aplaste el conjunto de los significantes. Hacer valer sus diferencias es indispensable. Es lo que sostenemos en las Secciones Clínicas, y particularmente este año, en que el tema «Los trastornos del humor» supondrá una lectura de «Una cuestión preliminar a todo tratamiento posible de la psicosis» (J. Lacan, *Écrits*) para volver a esa tensión fundamental entre las estructuras clásicas de la psicosis, a las que Lacan da su valor, y los trastornos del humor, que han ocupado estos últimos años la antesala de la clínica y de la terapéutica psiquiátrica.

AA: Por mucho que cambiemos las denominaciones, cambiemos la formación de los psiquiatras, una cosa no cambiará nunca: es lo real del síntoma con el que tratamos. En cuanto a nuestra práctica, operamos con lo real y no con el ideal.

DV: La psiquiatría, mientras es reducida a un discurso que pretende ser demasiado objetivo, pierde una parte de su dimensión humanista y de todo lo relativo a la complejidad de la subjetividad. Nuestra responsabilidad es sin duda velar por hacer oír esta otra voz, dentro de las formas que puedan ser también entendidas más allá de nuestro círculo de reflexión.

J-DM: Incluso si el psicoanálisis es hoy combatido por todo lo que es *establishment* psicobiosociológico, psiquiátrico o no, universidad y redes privadas, incluso si los aires de la opinión no nos ayudan, debemos mantener la idea de que ahí donde podremos intervenir, es sobre la cuestión del síntoma, es decir, allí donde cada uno se enfrenta a un real que no puede tratar. De nuestro lugar de psicoanalista, es de este resto del que siempre debemos ocuparnos. El síntoma nos vuelve bajo la forma de resto. En conclusión, el síntoma como ser del sujeto nos vuelve siempre en relación con la causa.

EL DSM V Y LOS TRASTORNOS DE LA PERSONALIDAD*

JUAN PABLO LUCCHELLI

Para aquellos que no estén contentos con el DSM en vigor —según las épocas: DSM III, IV—, habría una receta bastante eficaz para que el DSM comience a gustarles: comprender que el DSM siguiente será seguramente peor. Hemos leído las investigaciones preparatorias del próximo DSM, *A Research Agenda for DSM-V*[1] —es decir, el equivalente americano del «Informe del INSERM sobre las psicoterapias» en Francia, pero hecho seriamente. Nos hemos interesado particularmente por lo que llaman «trastornos de la personalidad».

DE LA CLASIFICACIÓN CATEGÓRICA...

Según los expertos del próximo DSM-V, la separación en diferentes ejes del DSM actual es arbitraria y problemática en lo que concierne a los trastornos de la personalidad. Los expertos se ocupan particularmente de la relación existente entre el eje 1 (el trastorno, *the disorder)* y el eje 2 (la estructura de la personalidad). Durante el siglo xx, se distinguió en la enfermedad mental dos grandes categorías: neurosis y psicosis. Esta perspectiva es claramente «categórica» —perspectiva seguramente incompleta, pero que tiene la ventaja de ser «consistente». En

* Artículo publicado originalmente en francés en la revista *Mental, revue de la FEEP*, NLS, n°19, mayo de 2007.

1. *A Research Agenda for DSM-V*, editado por David J. Kupfer, M. First, D. Regier, American Psychiatric Association, Washington, 2005.

la década de 1950, bajo la influencia del psicoanálisis anglosajón, la categoría del *borderline* fue creada entre los trastornos de la personalidad. De esta manera, la nosografía se centró en torno a tres discontinuidades consideradas particularmente decisivas. Existía entonces una clínica categórica y «tripartita», reagrupando, según las orientaciones: neurosis, psicosis y perversión; neurosis, psicosis y *borderline*; neurosis, psicosis y trastorno de la personalidad. Luego de haberse deshecho de las neurosis y las psicosis, los expertos del futuro DSM-V cuentan con erradicar esta última categoría clínica. Previenen al público médico: los cambios que serán introducidos en la clasificación de los trastornos de la personalidad constituirán la brecha (*gap*) más importante entre el DSM IV y el DSM V.

¿En qué consiste la clasificación «categórica» actual de los trastornos de la personalidad? Para resumir, existen tres grupos o *clusters* de trastornos de la personalidad: A, B, C. El primero, el grupo A, está formado por los trastornos de la personalidad esquizotípica, esquizoide y paranoica. El grupo B reúne las patologías «intermedias»: límite (*borderline*), antisocial, narcisista e histriónica. El grupo C concierne a las patologías «neuróticas»: trastornos de la personalidad dependiente, evitativa y obsesiva-compulsiva. Notemos que en el grupo A podríamos todavía reemplazar el término de «personalidad» por el de «estructura» (psicótica), ya que la cuestión de la estructura es, aun hoy, de actualidad en el DSM-IV.

¿Por qué la clasificación «categórica» sería inconveniente? Los expertos aducen varios motivos, principalmente una cierta insatisfacción general en lo que concierne a los trastornos de la personalidad: habría una confusión, una falta de claridad, *a lack of clarity*, entre los ejes 1 y 2. Por ejemplo, en el caso de una fobia social en un paciente con una personalidad evitativa, ya que los síntomas de ambas son similares, ¿cuál de los dos ejes sería «la causa» del otro: la fobia social (eje 1) o la personalidad evitativa (eje 2)? Los expertos constatan una excesiva comorbilidad, es decir, que varios diagnósticos diferentes de trastornos de la personalidad coexisten en un mismo paciente. Además, la diferencia entre «rasgo de personalidad», trastornos de la personalidad y personalidad normal es bastante arbitrario, los límites están mal definidos. Los expertos comprueban la ausencia de diferencias cualitativas entre los diferentes trastornos de la personalidad o entre un trastorno de personalidad y la personalidad normal. La mayoría de los investigadores no puede pronunciarse sobre una diferencia cualitativa entre los trastornos de la personalidad y una personalidad normal. *Much, if not all* (muchos, sino todos) de los síntomas descritos por el DSM pueden encontrarse entre las «variantes adaptativas» en la población normal. En otras palabras: los expertos consideran que la perspectiva categórica es arbitraria. Es más, llegan a la siguiente conclusión paradójica que resume el informe: la mayoría de los pacientes con un trastorno de la personalidad no constituyen un prototipo. Esta conclusión, lo menos que se puede decir, es que es paradójica. Tomemos como ejemplo los pacientes límite: la mayoría de los límite no serían un buen ejemplo de paciente límite, ¡lo que significaría que son un buen ejemplo de paciente límite! Como decía Groucho Marx: «No deseo pertenecer a ningún club que acepte como socio a alguien como yo». En síntesis: la mayoría de los pacientes límite no lo son. En el informe, leemos incluso una especie de broma: «Personality Disorder Not Otherwise Specified is the single most frequently used personality disorder diagnosis in clinical practice».[2]

Para los expertos norteamericanos, cada trastorno de la personalidad debe ser considerado en continuidad con los estados normales. Luego de haber leído unas cien páginas donde se argumenta sobre los inconvenientes y las ventajas de la perspectiva categórica en relación con la perspectiva dimensional, encontramos un comentario que muestra claramente el objetivo subyacente del informe: «La mayoría de los trastornos de la personalidad considerados en el DSM-IV fueron concebidos por clínicos que tenían una orientación psicoanalítica, mientras que actualmente estas categorías son utilizadas por clínicos de orienta-

2. «Los trastornos de la personalidad no especificados bajo otro modo constituyen los trastornos de la personalidad más diagnosticados en la práctica clínica», *A Research Agenda for DSM-V*, *op. cit.*, p. 129.

ción cognitivo-comportamental y neurobiológica».[3] De esta manera, queda dicho que el psicoanálisis no es una orientación actual para el DSM.

... A LA CLASIFICACIÓN DIMENSIONAL

Los expertos optan, en lo que concierne a los trastornos de la personalidad, por la perspectiva «dimensional», es decir, el *spectrum model*: los trastornos de la personalidad no son una «estructura», sino un simple trastorno entre otros. Para ello, los especialistas del informe tratan de dar definiciones tales como el temperamento, proponiendo cuatro dimensiones básicas:

—Las «alteraciones perceptivas y cognitivas» (traducción: síntomas psicóticos).
—La regulación de los afectos (traducción: alegría o tristeza).
—El «control de la impulsividad» (es decir: saber quedarse tranquilo).
—«Modulación de la ansiedad» (traducción: ¿qué hace usted cuando se angustia?).

Se verá que con el uso de un lenguaje «analógico» al de las «ciencias cognitivas» se da la impresión de que el informe habla un lenguaje científico: es mejor decir «modulación de la ansiedad» que exclamar «me siento angustiado» —el enunciado borra la enunciación.

Pero no olvidemos el eje del debate central de *A Research Agenda for DSM-V*. Los especialistas se alejan de las categorías que podríamos llamar psicoanalíticas: neurosis, psicosis, perversión o psicosis, neurosis, *borderline*, que constituyen la base de la clasificación actual de los trastornos de la personalidad. Se insiste particularmente sobre la ventaja de una óptica de los «espectros» dimensionales, sobre todo en que existen evidencias científicas (en el sentido de *Evidence based medicine*) que muestran que existe una relación estrecha clínica, epidemiológica y ge-

3. *A Research Agenda for DSM-V*, *op. cit.*, p. 134.

nética entre los trastornos de la personalidad del grupo A (trastornos de la personalidad esquizoide, esquizotípico y paranoico) y la esquizofrenia. Por eso el informe mete en el mismo saco estos trastornos de la personalidad junto con los síntomas psicóticos (eje 1). Pero no olvidan que otros estudios científicos muestran la existencia de relaciones más que estrechas entre el grupo C de trastornos de la personalidad (por ejemplo, la personalidad evitativa, eje 2) y la fobia social (eje 1), ya que constituyen muy frecuentemente *the same disorder* (el mismo trastorno). ¿Por qué no incluir entonces, se preguntan los expertos, los trastornos de la personalidad del grupo C con los trastornos ansiosos (eje 1)? Y, ya que estamos, y considerando que otros estudios (varios de los cuales realizados, por supuesto, por los mismos expertos...) demuestran una continuidad entre la «bipolaridad» y los límite (grupo B de los trastornos de la personalidad), ¿por qué no incluir los límite (eje 2) con los trastornos del humor (eje 1)? Llegan así, luego de haber escrito más de cien páginas, a la conclusión de que hay tres «continuidades»:

—La esquizofrenia y los trastornos de la personalidad grupo A (es decir, la psicosis).
—Los trastornos del humor y los trastornos de la personalidad grupo B (es decir, los límite).
—Los trastornos neuróticos y los trastornos de la personalidad grupo C (es decir, la neurosis).

... Y RETORNO

Nuestra lectura de *A Research Agenda for DSM-V* nos lleva a concluir que los expertos mantienen en realidad intacta la clasificación categórica «neurosis, psicosis, *borderline*» o «neurosis, psicosis, perversión». Luego de haber leído más de cien páginas, llegamos a la conclusión de que los expertos recomiendan abandonar la clasificación categórica (es decir: psicoanalítica), para proponernos una clasificación «dimensional» aún más categórica que el modelo categórico ya existente.

La perspectiva «dimensional» no cambiará en nada las categorías. La única diferencia, en el próximo DSM, será que el psicoanálisis quedará definitivamente *out* de la clasificación norteamericana y que los trastornos de la personalidad serán definidos a partir de escalas comportamentales y neurobiológicas que, de todas maneras, no podrán modificar la evolución clínica de esos pacientes. El pasaje del DSM IV al DSM V será la última vuelta de tuerca para eliminar el psicoanálisis del campo médico y psicológico. No habrá ningún cambio de estructura, sino más bien un cambio de método. La decisión política antecede a la conclusión científica. En el fondo no se responde a la pregunta siguiente: ¿cuándo se empieza a estar enfermo? ¿Dónde está el límite entre lo normal y lo patológico, lo clasificable y lo inclasificable? Ser «inclasificable» será probablemente la única posibilidad de sobrevivir que le quede al psicoanálisis.

¿QUÉ HAY DE NUEVO EN AMÉRICA?*

Lectura de prensa

NATHALIE JAUDEL

EL «DISEASE MONGERING» O EL RETORNO DEL DOCTOR KNOCK

«En los países desarrollados, la obsesión de la salud perfecta se ha convertido en un factor patógeno predominante. El sistema médico, en un mundo impregnado por el ideal instrumental de la ciencia, crea sin cesar nuevas necesidades de asistencia. Pero cuanto más grande es la oferta de salud, tanto más manifiesta la gente tener problemas, necesidades, enfermedades. Cada uno exige que el progreso ponga fin al sufrimiento del cuerpo, mantenga el mayor tiempo posible el frescor de la juventud, y prolongue la vida al infinito. Ni vejez, ni dolor, ni muerte. Se olvida así que semejante repugnancia del arte de sufrir es una negación de la condición humana misma».[1]

Una de las estrategias de los laboratorios farmacéuticos más denunciadas en Estados Unidos estos últimos años es el *disease mongering*. Este término, que no tiene traducción adecuada en español, consiste, para los fabricantes de medicamentos, en convencer a la gente con buen estado de salud de que están enfermos sin saberlo, según la famosa fórmula del héroe de Jules Romaní. El principio consiste en ampliar lo máximo posible las fronteras de lo patológico para incluir en su seno al mayor número de personas. Esto se consigue transformando un trastorno menor en en-

* Texto publicado en francés en la revista *Mental*, nº 19. Traducción de Nicolás Landriscini Marín.

1. Illich, «Un facteur pathogène prédominant: l'obsession de la santé parfaite», *Le Monde diplomatique*, marzo de 1999, p. 28.

fermedad. Es así como experiencias de la vida cotidiana tales como el insomnio, la tristeza, las contracciones en las piernas o las pulsiones sexuales debilitadas se convierten en patológicas: depresión, síndrome de piernas inquietas, disfunción sexual. Los autores señalan un movimiento aún más preocupante: el de la medicalización de la infancia. Otro enfoque consiste en confundir factores de riesgo y enfermedad. Este proceso también orienta el descenso continuo de los umbrales desencadenantes de tratamiento para la tensión arterial y los lípidos en sangre.

Siguiendo la misma lógica, se advierte una tendencia a ampliar los criterios de las enfermedades existentes. Según ciertos autores, esta epidemia de diagnósticos tiene varias causas. Más diagnósticos significa más dinero para los laboratorios farmacéuticos, los hospitales, los médicos, las asociaciones de defensa de los pacientes, los investigadores. Y si errar un diagnóstico puede entrañar consecuencias judiciales, no hay sanciones correspondientes para el exceso diagnóstico. Concluyen que: «Para la mayor parte de los norteamericanos, la amenaza sanitaria más importante no es la gripe aviar, el virus West Nile o la enfermedad de las vacas locas. Es nuestro sistema de salud».[2]

UN EJEMPLO: LA DISFUNCIÓN SEXUAL FEMENINA (DSF)

En 2003, R. Moynihan,[3] en la muy seria *British Medical Journal*, ponía en tela de juicio los fundamentos de una enfermedad diagnosticada desde hace poco: la DSF, nueva patología femenina «descubierta» con ocasión de una conferencia internacional para el consenso, en Boston, en 1998, bajo la dirección de la Fundación Americana para las Enfermedades Urológicas, apoyada por ocho laboratorios farmacéuticos.[4]

2. H.G. Welch, L. Schwartz, S. Woloshin, «What's making us sick is an epidemic of diagnoses», *New York Times*, 2 de enero de 2007.

3. R. Moynihan, «The making of a disease: female sexual dysfunction», *British Medical Journal*, 2003, n° 326, pp. 45-47.

4. Según R. Moynihan, dieciocho de los diecinueve autores de la nueva defi-

En su definición, el DSF incluye los trastornos del deseo, de la excitación, del orgasmo o los dolores. Algunos meses después, en febrero de 1999, el *Journal of the American Medical Association* publicaba un artículo titulado «Disfunción sexual en Estados Unidos: prevalencia y factores predictivos», que establecía una tasa de prevalencia de este trastorno en las mujeres de dieciocho a cincuenta y nueve años, estimada en el 43 %. Aunque extremadamente criticado, este estudio es considerado una prueba por parte de los medios de comunicación, que citan a partir de ahora la cifra del 43 % como un dato adquirido por la ciencia. Estos elementos permitían a R. Moynihan señalar que «la creación de una enfermedad, esponsorizada por una empresa, no es un fenómeno nuevo, pero la DSF es el ejemplo más reciente y más claro que tenemos». L. Tiefer advertía que «en 2006, la DSF se ha convertido en una realidad médica y mediática, a pesar de las dificultades persistentes para definir su contenido».[5]

Hoy no faltan libros y programas televisados que ofrezcan consejos sexuales,[6] y a pesar de los fracasos de la industria farmacéutica para obtener la aprobación de un tratamiento,[7] los laboratorios han contribuido, mediante la utilización de las relaciones públicas, la publicidad, la promoción y las recetas fuera de la AMA (American Medical Association) y otros, a la creación de un sentimiento de inadaptación sexual generalizada que conduce al público a exigir tratamientos.

---

nición tenían vínculos —financieros u otros— con veintidós laboratorios farmacéuticos.

5. L. Tiefer, «Female sexual dysfunction: A case study of disease mongering and activict resistance», *PLoS Medicine*, volumen 3, salida 4, e178, abril de 2006.

6. Hay disponibles decenas de obras sobre este tema, desde «El orgasmo en cinco minutos cada vez que usted hace el amor» hasta «Guía de la dispareunia», pasando por «Super sexo para las mamás: diez etapas para alimentar la pasión educando también a los hijos».

7. Pfizer ha intentado hacer aprobar la Viagra para tratar el «trastorno de excitación sexual femenino» hasta que resultados de ensayos clínicos decepcionantes le han conducido a renunciar a su demanda. La Viagra y la testosterona parecen, en cualquier caso, seguir siendo recetados a mujeres independientemente de la AMA.

UNA NOVEDAD: LA RESPONSABILIDAD PERSONAL EN LA CUESTIÓN DE LA SALUD

R. Steinbrook ha estudiado el concepto de responsabilidad personal aplicado a la salud:[8] tener un estilo de vida sano (haciendo deporte, manteniendo un peso sano y absteniéndose de fumar) y ser un buen paciente (acudir a sus citas, seguir la opinión del médico, recurrir a las urgencias hospitalarias solo cuando es oportuno) engendrarían una recompensa al sentirse mejor y gastar menos dinero.

Numerosas iniciativas apuntan desde ahora a promover esta responsabilidad personal. De este modo, la OMS ya no contrata más fumadores o consumidores de tabaco, cualquiera que sea su modalidad. En Estados Unidos ciertos empleadores llegan hasta a despedir a aquellos que fuman fuera del trabajo. R. Steinbrook analiza la reforma del programa Medicaid del estado de West Virginia, convertido en ejemplo piloto, si bien controvertido, de los esfuerzos destinados a promover dicha responsabilidad. Nos recuerda que, en mayo de 2006, el gobierno federal aprobó el plan de ese estado, que se proponía reducir las prestaciones de base de la mayor parte de adultos y niños de ingresos bajos, a cambio del derecho a aspirar a prestaciones mayores a condición de firmar un «contrato de miembro Medicaid». Estas prestaciones suplementarias incluyen tratamientos de las complicaciones de la diabetes, programas de readaptación cardíaca, de abandono del tabaco, de educación nutritiva y de servicios ligados a dependencias químicas y a la salud mental. El número de consultas mensuales autorizadas es de cuatro en el programa de base e ilimitadas en el programa optimizado. El objetivo es «ofrecer a los miembros la oportunidad de ser animados a mantener y mejorar su salud». Para continuar en el plan, los miembros deben acudir a sus citas médicas, consentir la realización de determinadas pruebas, tomar su medicación y seguir programas de mejora de la salud. Los que alcancen sus «objetivos de salud» recibirán «crédi-

8. R. Steinbrook, «Imposing Personal Responsability for Health», *New England Journal of Medicine*, 355-358, agosto de 2006, pp. 753-756.

tos» que serán invertidos en una «cuenta de recompensas de salud» (*healthy rewars account*), utilizable para adquirir servicios no cubiertos por Medicaid. El autor insiste en las numerosas cuestiones relativas a la libertad individual y a la autonomía que plantea dicho programa.

A través del caso de una paciente, G. Bishop y A.C. Brodkey[9] ponen en evidencia los *impasses* a los que conduce este proyecto, tanto del lado del paciente como del médico. Mary Jones, de cincuenta y tres años, sufre diabetes y obesidad. Estas patologías se presentaron tras haber empezado a tomar un antipsicótico de nueva generación por una esquizofrenia. M. Jones firmó un contrato de cuidados que estipulaba que ella respetaría sus citas médicas, participaría en reuniones de educación sobre la diabetes y perdería peso. Asistió a una reunión, pero la situación se le volvió persecutoria y la abandonó a la mitad; ha ganado 3 kilos. Se le ha dado material educativo para leer; no lo entiende. Acaba de saltarse su segunda cita consecutiva; la última vez no tenía con qué pagarse su billete de autobús. Ni su gluco-hemoglobina ni sus lípidos en sangre están en el nivel pretendido. Su médico está ahora legalmente obligado a transmitir esta información a la agencia médica del estado y M. Jones, en consecuencia, corre peligro de perder su subsidio por trastorno mental y el reembolso de su tratamiento médico.

En conclusión, los autores ponen de relieve los riesgos ligados al desplazamiento del contrato terapéutico al exterior de la relación médico-enfermo. Subrayan la injusticia de convertir a los pacientes en responsables de factores que escapan a su control debido a su patología, y señalan el riesgo que se corre, al convertir a los médicos en agentes del estado, de acrecentar la desconfianza de los pacientes pobres respecto del sistema de salud.

9. G. Bishop y A.C. Brodkey, «Personal Responsability and Physician Responsability - West Virginia's Medicaid Plan», *New Englad Journal of Medicine*, 355-358, 24 de agosto de 2006, pp. 756-758.

UNA EPIDEMIA DE DIAGNÓSTICOS JUVENILES

En abril de 2002, George W. Bush nombró una comisión de expertos, la New Freedom Commission on Mental Health (NFC), asignándole la misión de realizar un informe sobre el estado de la salud mental en el país. Su diagnóstico no tuvo ambages: «entre el 5 y 9 % de los niños sufre un trastorno emocional agudo» —lo que representaría más de 4.000.000 de niños menores de catorce años. El informe[10] preconizaba una detección precoz sistemática en las escuelas y fue puesto en ejecución por el plan de salud mental de julio de 2004.[11]

Un programa basado en un modelo creado por la Universidad de Columbia, bautizado Teen Screen, busca en los alumnos signos de alerta de seis enfermedades mentales (fobia social, ataques de pánico, trastorno ansioso generalizado, depresión mayor, abuso del alcohol y las drogas, impulsos suicidas). Al final del año 2005 se contabilizaban 460 lugares de aplicación del test en 42 estados.[12] Al ser muy estrechos los vínculos entre los promotores del programa y los laboratorios[13] farmacéuticos, muchos son los que sospechan que estas detecciones precoces son operaciones esponsorizadas por los laboratorios con la perspectiva de construir el mercado de los psicotrópicos de la infancia.

10. El informe completo está disponible en: <http://www.mentalhealthcommission.gov/reports/FinalReport/FullReport.htm>.

11. Varios artículos muy críticos del *British Medical Journal* fueron consagrados a dicho plan, véase especialmente J. Lenzer, «Bush launches controversial mental health plan», *British Medical Journal*, 14 de agosto de 2004, 329 (7.462).

12. A. Reder, «Kids and Psychiatric drugs: Big Pharma comes to the classroom», *Alternative Medicine*, noviembre-diciembre de 2006.

13. Así, el creador de Teen Screen, el doctor David Shaffer, habría sido consultor para Hoffman la Roche, Wyeth, Glaxo Smith Kline y Pfizer y experto al servicio de laboratorios en varios pleitos. La Fundación Americana para la Prevención del Suicidio (AFSP) que dirigía habría recibido subvenciones de varias firmas farmacéuticas. Laurie Flynn, directora del programa Teen Screen, dirigía anteriormente la National Alliance on Mental Illness, que habría recibido más de once millones de dólares de subvenciones de laboratorios entre 1996 y 1999. Véase <www.teenscreentruth.com/teenscreen_key_players.html>.

El test Teen Screen, destinado a niños desde los nueve años, se presenta en forma de cuestionario que contiene catorce preguntas y debe ser completado en diez minutos, seguido de una entrevista. Entre las preguntas que plantea, encontramos: «En el transcurso de los últimos meses, ¿te has sentido muy nervioso/a cuando tenías que hacer algo frente a otras personas?». O «¿te ha ocurrido sentir que no podías hacer nada correctamente o que eras menos guapo/a o inteligente que los demás?». O, también, «¿con qué frecuencia tus padres se han contrariado o preocupado por lo que tú sentías o por el modo en que te comportabas?».

Al principio, Teen Screen se pasaba sin la autorización de los padres. Frente a la indignación generalizada suscitada por esta práctica, ahora se exige un consentimiento de los padres. En 2005, 55.000 niños habrían sido sometidos al test, en 42 estados.[14] El caso de Chelsea Rhodes, de quince años, fue primera página de las crónicas judiciales. La joven, sometida al test sin el consentimiento de sus padres, fue diagnosticada de TOC (trastorno obsesivo-compulsivo) y de trastorno de ansiedad social tras haber respondido que no le gustaba mucho la fiesta y que le gustaba hacer la limpieza.[15]

EL «BOOM» DE LAS RECETAS

En 1990, había menos de un millón de diagnósticos de hiperactividad infantil en Estados Unidos. Hoy hay más de cinco millones.[16] Entre 1991 y 2003, el número de recetas de anfetaminas a niños aumentó un 500%.[17] Entre 1995-1996 y 2001-2002, las recetas de antipsicóticos a niños se multiplicaron por cinco, representando 5,7 millones de recetas, siendo el 53% de ellas prescritas por trastornos del comportamiento o

14. R. A. Friedman, «Uncovering and epidemic —screening for mental illness in teens», *The New England Journal of Medicine*.

15. A. Reader, *op. cit.*

16. Editorial, *Spirale*, nº 35, marzo de 2005, pp. 7-11.

17. E. J. Roberts Sunday, «A rush to medicate young minds», *New York Times*, 8 de octubre de 2006.

trastornos afectivos.[18] 2,1 millones de niños tomarían antipsicóticos de nueva generación *off label* (fuera de la AMM).

EL NIÑO BIPOLAR

D. Healy se ha interesado por la extensión del diagnóstico de trastorno bipolar, particularmente en el niño.[19] Los trastornos bipolares hicieron su aparición en el DSM en 1980. En esa época, los criterios para el trastorno bipolar I —que corresponde a la psicosis maniaco-depresiva clásica: alternancia de periodos de manía, de depresión mayor o incluso de trastornos mixtos manía/depresión e intervalos libres— incluían al menos un episodio de hospitalización por manía.

Desde entonces ha surgido el trastorno bipolar II —definido por la alternancia de episodios de hipomanía, depresión mayor e intervalos libres—, los trastornos bipolares no especificados y la ciclotimia. Con esta extensión, la prevalencia del trastorno bipolar ha crecido del 0,1 % de la población afectada de trastorno bipolar I, a más del 5 % si se incluyen el conjunto de los desórdenes arriba mencionados.

Hasta una fecha reciente, observa D. Healy, la cordura clínica instaba a no diagnosticar sino muy excepcionalmente la psicosis maniaco-depresiva antes de la pubertad. Ahora bien, hoy asistimos a un diagnóstico desenfrenado de trastorno bipolar en los niños norteamericanos, incluso cuando éstos no cumplen los criterios del trastorno bipolar I. El fervor por el trastorno bipolar pediátrico fue primera página en la edición americana del *Time Magazine* en 2002, mostrando al joven Ian Palmer, de nueve años, con este título: «Joven y bipolar», y un subtítulo: «¿Por qué tantos jóvenes se ven afectados por este diagnóstico?».

18. W. Cooper, «APHD medications on the rise, Vanderbilt study finds», 22 de marzo de 2006, disponible en el sitio del Vanderbilt Medical Center: <http://www.vanderbilt-childrens.com/interior.php?mid=1950&healthtips_id=24>.

19. D. Healy, «The latest mania: selling bipolar disorder», *PloS Medicine*, 3(4) e185, abril de 2006.

Una publicación reciente, *El niño bipolar*, muestra la extensión de la manía actual. Como lo refiere el *Star Telegram* en julio de 2000, este libro marcó la diferencia para Heather Norris, cuya madre, tras haberlo leído, exigió a su médico que modificara su diagnóstico de TDAH (trastorno por déficit de atención con hiperactividad) —cuyo tratamiento había agravado la situación de su hija— en favor del diagnóstico «adecuado» de trastorno bipolar. El resultado es que Heather Norris, de dos años, se convirtió en la niña más joven del condado de Tarrant, Texas, en recibir el diagnóstico de trastorno bipolar. Hoy los expertos llegan hasta a aceptar la posibilidad de que los primeros signos del trastorno bipolar residan en esquemas de hiperactividad *in utero* y se observa el uso de antipsicóticos timio-reguladores en personas de riesgo, de manera profiláctica, antes de cualquier desencadenamiento de la enfermedad.

Bajo el título «Qué es lo que no marcha con un niño: el frecuente desacuerdo entre psiquiatras», B. Carey[20] despliega, a modo de ejemplo, los casos de varios niños que han recibido tantos diagnósticos como psiquiatras han visitado, con un tratamiento farmacológico diferente en cada ocasión. Los padres de niños agitados, «con problemas», dicen escuchar un popurrí de etiquetas que parecen cambiar tan a menudo como el número que calza el niño. Al menos seis millones de niños norteamericanos sufrirían trastornos mentales serios, una cifra multiplicada por tres desde el principio de la década de 1990. Entre estos diagnósticos, el de trastorno bipolar se aplica cada vez más, y cada vez más tempranamente, mientras que, por su parte, los padres se organizan. Así es como decenas de padres han publicado libros, CD o manuales sobre el modo de proceder con los niños afectados de trastorno bipolar.[21]

20. B. Carey, «What's wrong with a child: psychiatrists often disagree», *New York Times*, 11 de noviembre de 2006.

21. Una búsqueda sobre los términos *bipolar disorder* en Amazon revela más de 7.000 referencias, entre las cuales *Brandon y el osito bipolar: un cuento para niños bipolares*, *Trastorno bipolar para tontos* o *Trastorno bipolar: una guía de supervivencia para familia y amigos*.

Algunos padres optan por un diagnóstico que no aniquile completamente la palabra de su hijo. El autor cita a una madre de Brooklyn, cuyo hijo recibió más de media docena de diagnósticos en unos pocos años. Concluyó que los silencios y las dificultades de aprendizaje de su hijo eran mejor aprehendidos cuando se los diagnosticaba como una forma ligera de autismo. «Esta etiqueta no es perfecta, —dice—, pero no lo condena a tratamientos agresivos como los previstos para el trastorno bipolar o el TDAH. Y aún más importante, este diagnóstico le da acceso a otras cosas, como la logopedia, la ergoterapia y sesiones con un neurólogo. Y por el momento me parece que así va por el buen camino». La nueva edición del DSM, prevista para 2011, debería concentrarse en la cuestión de los diagnósticos diferenciales en el niño.

ENSAYOS CLÍNICOS: QUETIAPINA PARA LA MANÍA EN NIÑOS DE CUATRO A SEIS AÑOS[22]

En 2005, el Massachusetts General Hospital (MGH) organizó un estudio piloto exploratorio destinado a evaluar la eficacia y la tolerancia de la Quetiapina[23] en niños de edad preescolar (cuatro a seis años) afectados de trastorno bipolar y trastorno del espectro bipolar. Fueron aceptados los sujetos con comorbilidad de TADH, de trastorno oposicionista desafiante, de trastorno de conducta, trastorno ansioso o depresivo. Según D. Healy, el MGH reclutó a los participantes en el ensayo gracias a spots publicitarios en la televisión que mostraban a los clínicos y a los padres alertando al público de que los comportamientos difíciles y agresivos en los niños de cuatro años podían desembocar en un trastorno bipolar.

22. Los datos del estudio están disponibles en: <http://www.clinicaltrials.gov/ct/show/NCT00181883>.

23. Antipsicótico próximo a la clozapina.

¿UNA ALTERNATIVA A LOS MEDICAMENTOS EN LOS TRASTORNOS MENTALES INFANTILES?

Es la pregunta que plantea B. Carey en un reciente artículo en el *New York Times,*[24] en el que observa que diversas asociaciones norteamericanas recomiendan el uso de terapias «por la palabra» (*sic*) en los trastornos mentales infantiles, especialmente la depresión ligera, el TDAH, el trastorno oposicionista desafiante (TOP), en asociación o no con un tratamiento farmacológico.

La universidad de Búfalo está a la cabeza en cuanto a las terapias conductistas que se recomiendan. El programa está basado en un sistema directo de recompensas y de relaciones causa-efecto. Se invita a los padres a recompensar cada acción favorable o de cooperación que constaten: prestar atención unos instantes le vale al niño un «attaboy» («¡Vamos chico!»). A la inversa, se le retiran ciertos privilegios en caso de provocación o mal comportamiento: una tarjeta de conducta se pega en el frigorífico. El programa invita a los padres a hacer uso de un tono claro y neutro cuando se dirigen a sus hijos, para darles instrucciones o sancionarlos. A lo largo de varias sesiones, los padres representan situaciones en presencia de sus pares, quienes critican el tono empleado o la claridad de sus afirmaciones. «Terminamos siempre diciendo: "Éste no es un comportamiento apropiado", pero gritamos menos. Las instrucciones se vuelven más precisas: "ordena tu cuarto" cubre una decena de tareas; es mejor decir "pon tu ropa sucia en la cesta" o "guarda los juguetes en su sitio"».

Los psicólogos a cargo del programa han creado un centro recreativo para el verano basado en los mismos principios; a lo largo del año visitan regularmente a los profesores, quienes son invitados a procurarse también tarjetas cotidianas de conducta para niños de tal modo que su conducta esté a todas horas reglamentada. La mayor parte de los padres de niños que reciben un diagnóstico psiquiátrico afirma que

24. B. Carey, «Parenting as therapy for child's mental disorders», *New York Times*, 22 de diciembre de 2006.

prefieren evitar recurrir a los medicamentos. Pero no es tan fácil. Las aseguradoras no cubren en su totalidad las terapias conductistas, cuyo coste es netamente superior al de los medicamentos, y algunos médicos viven ellos mismos como un alivio la posibilidad de recetar un medicamento, como una paidopsiquiatra que afirma que «estos niños son muy difíciles, y uno se siente terriblemente mal al estar sentado ahí sin poder ayudarlos».

LABORATORIOS BAJO VIGILANCIA. PUBLICIDAD

En 2003, los laboratorios farmacéuticos gastaron más de tres mil millones de dólares en publicidad (frente a los 55 millones en 1991). Entre 1999 y 2000, el número de recetas para los cincuenta medicamentos que fueron objeto de las campañas publicitarias más importantes creció seis veces más rápido que el número de recetas para otros medicamentos. Entre un 15 y un 20% de los ingresos de la American Psychological Association proviene de publicidades de laboratorios en sus publicaciones. Además, por los vínculos que tienen los laboratorios con el mundo político, la Food and Drug Administration (FDA) o el National Institut of Mental Health empiezan a ser objeto de una atención creciente.[25]

ELI LILLY Y EL ZYPREXA®

En enero de 2007, A. Berenson retomó las denuncias que pesan sobre el laboratorio Lilly.[26] Durante al menos un año, Eli Lilly habría disimulado deliberadamente a los médicos información sobre los efectos secun-

25. Véanse, por ejemplo, E. Pringle, «Bush uses FDA to shield Big Pharma from lawsuits», *New York Times*, 14 de mayo de 2006, o J. Graham «Top mental health guide questioned», *Chicago Tribune*, 20 de abril de 2006.

26. A. Berenson, «Lilly settles with 18.000 over Zyprexa®», *New York Times*, 5 de enero de 2007 (del mismo autor, dos artículos del 17 y 21 de diciembre de 2006).

darios del Zyprexa®, particularmente la obesidad y la diabetes. Varios documentos internos testimoniarían la importancia este antipsicótico para el porvenir del laboratorio, lo que condujo a no desvelar las preocupaciones relativas a la diabetes y la obesidad a fin de no afectar a las ventas. Cuanto más se sensibilizaban los psiquiatras con relación a los efectos secundarios de la molécula, más intensificaba Lilly sus esfuerzos de venta entre los médicos de cabecera y menos destacaba los efectos secundarios.

¿LA CIENCIA DEL BIENESTAR, POR FIN?

En el mundo anglosajón, D. T. Max nos informa de la expansión que alcanza la psicología positiva, igualmente bautizada como «ciencia del bienestar».[27] En Estados Unidos, más de doscientas universidades ofrecen cursos de psicología positiva. Únicamente en la Universidad de Harvard, las clases de introducción atrajeron a 855 estudiantes la primavera pasada, convirtiéndose en el curso más popular de la escuela.

En la Universidad de Cambridge, en el Reino Unido, han creado un «Instituto del Bienestar». Los profesores subrayan la necesidad de hacer la distinción entre sentirse bien, lo que según la psicología positiva no hace sino crear la necesidad de más placer —«la escalera mecánica hedonista (*hedonic treadmill*)»—, y hacer el bien, que puede conducir a una felicidad duradera. Siguiendo esta lógica, se invita a los estudiantes a llevar a cabo una acción que les procure placer y a continuación una acción de amabilidad desinteresada. Allí donde el psicoanálisis prometía antaño transformar la miseria profunda en banal desdicha, la psicología cognitiva promete transformar el placer humano moderado en estado de profundo bienestar.

Seligman, autor de *Authentic Happiness*, traducido a más de veinte lenguas, acaba de ser elegido presidente de la American Psychological Association. Tras haber trabajado de manera científica sobre la depre-

27. D. T. Max: «Happiness 101», *New York Times*, 7 de enero de 2007.

sión durante lo esencial de su carrera, en adelante ha decidido dedicarse a «lo que hace que la vida valga la pena de ser vivida»...

¿Será bajo la influencia de la psicología positiva por lo que el Departamento de Educación del estado de Nueva York ha decidido prohibir, a partir de 2009, en las instituciones especializadas para niños con trastornos emocionales o dificultades de aprendizaje, las terapias aversivas fundadas en el electroshock, el aislamiento, la privación de alimento o de sueño, todavía moneda corriente en la actualidad?[28]

28. M. Szalavitz, «Shocks from the system», *New York Times*, 7 de enero de 2007.

¡A NUESTRA SALUD!*

PATRICK CHESSEL

La Organización Mundial de la Salud define la salud para todos los países del mundo como «un estado completo de bienestar físico, mental y social que no se caracteriza únicamente por una ausencia de enfermedad o de dolencia».[1] Salud y ausencia de enfermedad se encuentran así diferenciadas. Podemos no tener una enfermedad y sin embargo no gozar de buena salud. El discurso médico, que se ocupa de la enfermedad, no puede decir solo lo que es la salud. Y, sin embargo, ese discurso es el que orienta nuestra representación de la salud hoy en día. Dos recientes publicaciones ponen en perspectiva la senda de la construcción de esa representación.

LA SALUD: EQUILIBRIO, ENERGÍA, RESPONSABILIDAD

«[...] la salud actual es una triple norma de equilibrio, de eficacia y de integración»,[2] escribe Olivier Razac en *La grande santé*. Nuestra representación de la salud se ha constituido a partir del establecimiento de esas normas dominantes a lo largo de tres momentos históricos. La norma del equilibrio se encontraba en el principio de la salud antigua. El equilibrio asegura la calma, la regularidad, la tranquilidad del cuerpo y ese equilibrio es alcanzado por un régimen alimenticio que proscribe el exceso. La

* Texto publicado en francés en la revista *Mental*, nº 18. Traducción de Jesús Ambel.

1. O. Razac, *La grande santé*, Climats, París, 2006, p. 1.
2. *Ibid.*, p. 13.

medicina hipocrática inaugura la medicina racional a partir de la dietética. El segundo momento histórico se sitúa a finales del XVIII y ubica la eficacia de la energía como base de la salud. Las leyes de la mecánica y de la termodinámica proporcionan un modelo energético a la medicina. El cuerpo se vuelve máquina de vapor que hay que alimentar para producir el calor que haga marchar los pistones. La domesticación de la máquina que acompaña en el XIX a la productividad industrial generalizada, requiere también el adiestramiento de los cuerpos. La salud se caracteriza entonces por una cantidad de energía cuya eficacia consiste en preservar, mediante un buen balance energético, una regulación dosificada de los arrestos para no despilfarrar las fuerzas y la práctica gimnástica. La integración caracteriza, la salud a partir de un tercer momento, que comienza a mitad del siglo XX. La salud del individuo debe estar integrada con la salud de todos. «[...] No es ya suficiente con estar en equilibrio y ser eficaz para tener buena salud. Hay que demostrar en cada momento la conexión y el acuerdo entre la salud personal y la salud colectiva».[3] La salud médica clásica no es sino una parte de la salud global, que, hasta el momento, no es otra cosa que adaptación social. «Nunca la voluntad de definir la salud "como un todo" había sido tan marcada [...]. Los indicadores van desde los criterios individuales más íntimos hasta los criterios ambientales más globales».[4] El sistema de salud desborda en mucho el sistema asistencial y forma parte interesada del sistema social en su conjunto. El sistema de salud dispone de imperativos colectivos y de un control generalizado. Produce, gracias a las estadísticas, normas de comportamiento. Señala los factores de riesgo comportamentales, los estigmatiza y actúa lo más cerca posible de la intimidad de cada uno. La responsabilidad se transforma así en el término-amo de la salud. Y «cada uno interioriza la obligación de situarse en relación con las normas producidas por la estadística, que evalúa todos los riesgos de la misma manera».[5]

3. *Ibid.*, p. 198.

4. G. Vigarello, citado por Razac, p. 201.

5. O. Razac, «L'obsesion du bien-être nous gacherait-elle la vie?», en *Télérama* nº 2.946, 28 de junio de 2006.

El médico no es ya ni el piloto griego ni el maquinista del XIX, ahora es cibernético. Los medios técnicos informáticos permiten pasar del nivel individual al nivel colectivo. «Las consultas de ciento veinte mil médicos liberales en activo se revelan como transformadores de información. La información no se hace solo a nivel del material. Implica también los procedimientos, la organización y a los hombres».[6] Esas informaciones deben circular, pasar de la esfera privada a la esfera pública, constituida por múltiples organismos estatales o colectivos, ser evaluadas y finalizadas como programa de salud.

LA «GRAN SALUD», ¿SUBVERSIÓN DE LA SALUD O UTOPÍAS DE LOS FILÓSOFOS?

Pero ¿por qué ese término de «gran salud» del que habla el autor? ¿Se trata del «completo estado de bienestar» del que habla la OMS? No, la «gran salud» es una crítica de ese estado, que no es más que una adaptación social considerada como conseguida. En cada uno de los tres momentos en los que se han establecido las representaciones médicas de la salud, O. Razac da cuenta de la emergencia de concepciones filosóficas de la salud que dibujan otra salud, una «gran salud». Mientras que la salud no es más que satisfacción en el bienestar, «la gran salud excluye el bienestar como ideal y como condición de vida».[7] A la dietética equilibrada de la medicina hipocrática se opone de manera radical la ética de la tensión de la ascesis estoica. La «gran salud» es entonces sabiduría. A la eficacia de la energía de la medicina del XIX, Nietzsche opone «el atolladero de la voluntad de la potencia». La «gran salud» es un término nietzscheano, señalado por G. Deleuze: la enfermedad es un punto de vista, una evaluación de la salud, y la salud un punto de vista, una evaluación de la enfermedad. Este círculo cerrado hace de método. «De la enfermedad a la salud, de la salud a la enfermedad, aunque solo sea

6. O. Razac, *La grande santé*, *op. cit.*, p. 239.

7. *Ibid.*, p. 165.

una idea, hace de esa movilidad una salud superior y la ligereza en el desplazamiento no es sino el signo de la "gran salud"».[8] La salud, en el sentido médico, les ha parecido banal a los filósofos y también triste, precavida, razonable, conservadora. La gran salud es otra cosa, aventurera, creadora, capaz de experiencias siempre renovadas, «aceptación alegre de intensidad frágil»,[9] se encuentra más bien en la deflagración, en la potencia, en el gasto, en el riesgo y no en la contabilidad. En un tercer tiempo, a la responsabilidad demandada por la salud social, que no es más que regulación de la sociedad de control que sucede a la sociedad disciplinaria, O. Razac opone a Deleuze y su vitalidad intensa del cuerpo sin órgano. El delirio esquizofrénico del cuerpo sin órgano, positivizado como concepto filosófico, aparta al cuerpo de su servilismo orgánico, supera la dualidad entre lo orgánico y lo psíquico, y promueve la huida como resistencia al control normativo.

La gran salud filosófica termina por tomar acentos de utopía de la intensidad, de exaltación vitalista, de borrachera, de goce sin límites. Parece lejana del mínimo cuidado clínico y de sus consecuencias éticas. Ni Freud ni Lacan se ven convocados por sostener «una gran salud». Para O. Razac, en una especie de barullo, el psicoanálisis ocupa su lugar junto a la psicología conductual, la medicina china y la homeopatía, los regímenes y los antibióticos. Esa vertiente «barullo», «esa mezcla desordenada de formas culturales de la salud y de los regímenes» es, al mismo tiempo que se ofrece a todos, un signo de resistencia a la normalización sanitaria.

Pongamos en claro este rebajamiento del psicoanálisis. Un psicoanálisis apunta a otra salud. No apunta a colmar la falta-en-ser a la espera de un bienestar. No es una nueva higiene de vida y más bien ofrece, a quien vive la experiencia, despertar del conformismo adormecedor de la norma. No es conservador, más bien intenta desanudar los puntos de fijación del goce para llevar al sujeto a una venturosa movilidad acogedora de lo contingente.

8. G. Deleuze, *Nietzsche*, PUF, París, 2006, p. 10.

9. O. Razac, *La grande santé*, *op. cit.*, p. 165.

EMERGENCIA DE LA SALUD MENTAL

Patrick Coupechoux, en *Un mundo de locos*,[10] a partir de testimonios contemporáneos de profesionales en su puesto de trabajo, se dedica a describir y analizar la práctica de los que todavía tienen el gusto de la clínica. Retoma de esa manera las páginas de la vergüenza y las páginas de gloria de la historia de la psiquiatría y da cuenta de la manera en que una sociedad, en este caso la francesa, trata o maltrata a sus locos. Esta ubicación a largo plazo y en su lugar histórico permite situar la emergencia reciente de la noción de salud mental y articularla en un conjunto.

El año 1656 figura como la fecha inaugural del «gran encierro», con la fundación del Hospital General de París. Al loco, condenado por su desatino, no se le distingue del miserable o del criminal. El año 1793, fecha de nacimiento de la psiquiatría. Pinel instituye el acto fundador, liberando a doce locos de sus cadenas. Ese acto es apreciado de manera contradictoria. Por un lado, los locos son ciertamente tomados en consideración, pero con la consecuencia de ser asignados a un lugar de asilo y de devenir objetos de una clínica médica que funda su saber sobre un poder. Sin embargo, por otro lado, una nueva mirada se fija sobre la locura que le restituye al loco su cualidad de hombre. Es algo que está relacionado con el advenimiento de la sociedad de los individuos libres e iguales que emerge de la Revolución Francesa. 1838 es el año de la ley que consagra a los médicos alienistas. Esa ley determina también el sitio del loco, en la intersección de la protección del orden público y de la asistencia médica. 1939-1941: en Alemania, el exterminio de los enfermos considerados como incurables y, más tarde, los cuarenta mil muertos en los asilos de Vichy. 1939: Saint Alban se convierte en el crisol de la nueva psiquiatría francesa. 1945: el descubrimiento de los campos de concentración tiene efectos sobre las concepciones del asilo. 1952: la utilización de la clorpromazina inaugura la clínica del medicamento y

10. P. Coupechoux, *Un monde de fous, comment notre société maltraite ses malades mentaux*, Seuil, París, 2006.

comienza la reabsorción de la psiquiatría en la medicina. 1960: el rechazo de la segregación sostiene el nacimiento de la psiquiatría de sector. 1968: la antipsiquiatría hace de la locura un viaje, pero al precio de dejar al enfermo mental en la calle. El sistema de salud comienza a someterse a la lógica financiera y de resultados. Es también la época en la que el psicoanálisis ilustra generosamente a la psiquiatría. Esa influencia no es detallada como tal por P. Coupechoux. Y sin embargo, toda una generación de profesionales podía entonces trabajar en las instituciones psiquiátricas con *La historia de la locura* en una mano, y los *Escritos* de Lacan en la otra, encontrando en este último una teoría del sujeto que proporcionaba los principios directores de un abordaje de las psicosis que permitía una desagregación de la locura.

Año 1990: encontramos la autentificación de la salud mental en Francia. El término «aparece por primera vez en una circular del 14 de marzo de 1990, que tiene por objetivo la definición de una política, no ya de la psiquiatría, sino de la "salud mental"».[11] Es el comienzo de una operación de sustitución de la psiquiatría por la salud mental, de ampliación a la esfera pública de lo que era hasta ese momento la herencia de algunos profesionales. En 2001, un informe remitido al Ministerio de la Salud se titulaba «De la psiquiatría a la salud mental».[12] Al mismo tiempo, la enfermedad mental se disuelve en el sufrimiento psíquico generalizado. Se calculan ya los costes económicos de los trastornos psiquiátricos. La sociedad en su conjunto es puesta bajo la égida de un modelo gerencial que apunta no ya a disciplinar los cuerpos, sino a «movilizar el psiquismo de los hombres».[13] Ahí aparece una inseguridad cada vez más sentida, «probablemente el caldo de cultivo en el que se despliegan el sufrimiento psíquico y la demanda en aumento de "salud mental"».[14] En 1999, el Consejo de Europa adopta una resolución que considera que «la salud mental contribuye de manera importante a la

11. *Ibid.*, p. 269.
12. Informes de los doctores Piel y Roelandt.
13. *Ibid.*, p. 273.
14. *Ibid.*, p. 276.

calidad de vida, a la inserción social y a la plena participación en la vida social y económica». La utilización oficial del término «salud mental» es el signo de una voluntad de reconfiguración del campo «psi» en sus conceptos y en sus prácticas. Es un término «que sirve para todo» y que cuenta con el consenso internacional para deslizar el psiquismo al campo de la salud entendido como un envite del poder político.

SALUD MENTAL Y POSGUERRA

El uso y la promoción del término «salud mental» en Estados Unidos comenzó en los años posteriores a la Segunda Guerra Mundial, mucho antes de que el término apareciera en los textos oficiales franceses. «La América de los años de posguerra está traumatizada por las locuras colectivas que vienen a devorar trágicamente el mundo. Adquiere importancia un concepto que va a convertirse en la clave que se piensa que permitirá abrir la puerta a un nuevo orden mundial finalmente rendido a la paz: "la salud mental"».[15]

La Fundación Macy, una obra filantrópica norteamericana destinada en sus orígenes a apoyar la investigación médica, organizó a partir de 1946 una decena de conferencias, conocidas con el nombre de Conferencias Macy, que han tenido una importancia histórica destacable. Allí se encontraron investigadores norteamericanos en ciencias «duras» e investigadores en ciencias humanas (N. Wiener, J. von Newman, C. Shannon, G. Bateson, R. Jakobson...). Esas conferencias constituyen el acta de nacimiento de la cibernética, ancestro de las ciencias cognitivas, e inspiraron también, en su momento, a C. Lévi-Strauss y a J. Lacan, como podemos ver en su Seminario de los años 1954-1955. Una ciencia del espíritu trataba de constituirse. Para las ciencias duras como la física, se trataba de intentar conquistar el campo de lo mental, que era un obstáculo y les resultaba exterior. Al encontrarse en posición de debilidad el psicoanálisis americano, el diálogo con las ciencias humanas pasó por la psiquiatría

15. J.-P. Dupuy, *Aux origines des sciences cognitives*, La Découverte, París, p. 81.

americana, concebida como ciencia social. Paralelamente, al contar las investigaciones con una importante financiación pública y privada, la noción de salud mental había ocupado ya un lugar importante en Estados Unidos. «No es fruto del azar que los participantes en las Conferencias Macy militaran paralelamente por la promoción de la salud mental como condición de la paz mundial. Esa implicación constituía la vertiente pragmática de los modelos teóricos elaborados en esos encuentros [...] En oposición directa al análisis marxista de la dominación y de la lucha de clases, los problemas sociales son entendidos como dificultades de adaptación vinculadas con un medio inadecuado».[16] La Fundación Macy financiaba las organizaciones que promovían la salud mental. La Word Federation for Mental Health, creada en 1948, tuvo a su frente a tres miembros de las Conferencias Macy, y formulaba así su credo: «El fin último de la salud mental es ayudar a los hombres a vivir con sus semejantes [...] El concepto de salud mental es coextensivo al orden internacional y a la comunidad mundial, que deben ser desarrollados para que los hombres puedan vivir en paz los unos con los otros».[17] La armonía en el mundo es la salud mental. La OMS, en la década de 1970, definirá la salud mental como «un estado de bienestar en el que la persona puede realizarse, superar las tensiones normales de la vida, cumplir con un trabajo productivo y fructífero, y contribuir a la vida de la comunidad».

EL IDEAL DE LA MEDIA

«¿Por qué no teníamos antes este ideal de la salud mental?», pregunta J.-A. Miller. «La salud mental es el ideal de un sujeto para el que lo real cesaría de ser insoportable».[18] La promoción de la salud mental en la

16. Lafontaine, C., *L'empire cybernétique*, Seuil, París, 2004, p. 62.

17. Dupuy, J.-P., *op. cit.*, p. 81.

18. J.-A. Miller, «La era del hombre sin cualidades», en *Freudiana*, revista de la Escuela Lacaniana de Psicoanálisis en Cataluña, nº 45, noviembre de 2005, Barcelona, p. 31.

civilización da testimonio de ese real cada vez más difícil de soportar. El mundo, cada vez más modificado por el hombre, se revela como algo que no está hecho para el hombre. Un hombre que no puede ya imaginarse en una relación armónica con el mundo. El concepto de adaptación reemplaza al concepto de armonía. «El único criterio de la salud mental es que hay que adaptarse».[19]

El discurso universal de la cuantificación reina sobre el mundo actual. La epidemiología en salud mental de la población proporciona informaciones estadísticas que se convierten en imperativos sociales. La media deviene un ideal establecido a partir de cifras. Se trata de un ideal que no proporciona sentido, que no da significaciones ni a la existencia ni al mundo. La propia estadística cuantitativa lo destila: el ideal es la norma. Uno puede rebelarse contra un Otro que mande, ¿pero cómo oponerse a la dictadura de la norma, a la media estadística y a las probabilidades?

Las sociedades modernas han forjado «el hombre sin cualidades», objeto de la contabilidad, salido del cálculo de las probabilidades y del progreso de las estadísticas que no dejan nada al azar y que reducen toda identificación del sujeto a la del Uno de la fila. El sujeto deviene una unidad de cuenta, una unidad-contable y comparable. El significante-amo encarnado en la cifra Uno domina. «El proceso más profundo consiste en la reducción del significante-amo al hueso del Uno, con finalidades que hay que aislar como tales y que son finalidades de control».[20] Una sociedad inquieta reclama controles. J.-A. Miller nos da la etimología de esa palabra del siglo XIV. Viene de «contra rol», en dos palabras, siendo el rol, en sentido antiguo, un registro. El «contra rol» es un registro doble para verificar un primer rol, para verificar un primer registro. El «contra rol» es una escritura y no en el sentido del arte de escribir, sino en el de la escritura contable administrativa. Nuestra época no sería tanto la del dominio de las imágenes como la de los procesos que hacen escritura del cuerpo, que transforman el cuerpo en es-

19. *Ibid.*, p. 32.
20. *Ibid.*, p.11.

critura. «El hueso del asunto sigue siendo la escritura, en la forma del registro [...] La imagen es exaltada, pero lo que es efectivo es la escritura, el depósito electrónico del uno por uno contable».[21] El siglo XXI, la época del fin del Estado providencia deviene, con el ascenso del miedo y del riesgo, una época de prevención y de vigilancia a cargo de un Estado estratega cuya consigna no es ya «vigilar y castigar», sino «vigilar y prevenir». El trastorno mental es lo que puede ser reducido y registrado para ser prevenido. «Es necesario que la lengua, la nuestra, no se deje ganar por ese sintagma de trastorno mental. El concepto de trastorno mental lleva consigo la noción de salud mental...».[22]

¿Ganará la partida el término «mental», con su raíz romana *mens*? En la expresión «enfermedad mental», el siglo XIX todavía resuena. Una vez rebautizado como «trastorno mental», ese término logra una nueva modernidad. Los términos nacidos de la raíz griega *psique* han tenido el viento en popa, pero hoy día son ya sospechosos. Todo un conjunto de significaciones y de prácticas ligadas a lo psi se encuentran revueltas. Muchos términos se han hecho derivar de *psique* y pocos de «mental». En esta guerra semántica, «mental» tiene la fuerza de rimar con «cerebral». La imaginería cerebral quiere ahora hacernos ver lo mental y anular la distancia entre el pensamiento y la materia. Lo mental se encuentra amenazado y reducido a lo neuronal. ¡No es seguro que eso sea bueno para la salud!

21. *Ibid.*, p. 12.
22. *Ibid.*, p. 31.

PSICOANÁLISIS Y FÁRMACOS

EL FÁRMACO DESDE LA LÓGICA DE LA TÉCNICA*

DOMINIQUE LAURENT

La relación del INSERM[1] con las psicoterapias aseguraba el triunfo de las TCC denunciando, al mismo tiempo, la supuesta escasa eficacia de las psicoterapias analíticas y relacionales. Completada pronto por las relaciones con los trastornos conductuales en el niño y con los TOC, la serie se inscribe directamente en las elecciones epistemológicas operadas por la psiquiatría norteamericana desde hace veinticinco años. Estas elecciones tienen como corolario un uso de la prescripción de psicotropos hasta ahora desconocido, modelo de la psiquiatría de Estados Unidos más extendido actualmente. Estemos seguros de que será desplegado en el mundo según las leyes del mercado. Frente a la ingenua euforia de una prescripción que se pretende, de una vez por todas, curativa de los síntomas entendidos desde la perspectiva de «una clínica científica» simplificadora, conviene mantener una gran reserva. Estudios médicos, encuestas sociológicas, procesos de asociaciones familiares o de pacientes, artículos de prensa, en efecto, atemperan esta nueva esperanza, en definitiva, denuncian los callejones sin salida y los límites.[2] La historia reciente de la disciplina psiquiátrica y nuestra si-

* Texto publicado en francés en la revista *Mental*, nº 19. Traducción de Carmen Alda.

1. Se refiere al informe que el organismo oficial INSERM en Francia publicó sobre el estado de la atención en salud mental el año 2006 y que provocó una gran polémica en diversos ámbitos por su partidismo a favor de las Terapias cognitivo conductuales (TCC).

2. Nos referimos a la obra publicada bajo la dirección de A. Ehrenberg y A. Novell, *La maladie mental en mutation*, Odile Jacob, París, 2001.

tuación actual permiten aislar procesos y métodos desde los años en que se estableció el imperio DSM con idénticas consecuencias: se percibe la misma deriva del «para todos». Conduce a la desaparición de un saber especializado, de una descalificación efectiva y una falsa universalización «científica».

LA RUPTURA DEL DSM: «EL HOMBRE SIN SUBJETIVIDAD»

El cambio de estilo operado por la clasificación del DSM-IV, emparejado a la epidemiología, se ha producido cuando las neurociencias cobraban su impulso. El cambio de enfoque diagnóstico se plasma en el DSM-III publicado en 1980 y el DSM-IV de 1994. La verdadera ruptura se lleva a cabo con el DSM-III. La primera edición del DSM en 1952 representa muy bien el estado de la psiquiatría norteamericana después de la Segunda Guerra Mundial, que ya había mostrado lo limitado de sus posibilidades frente a los cuadros agudos de los traumatismos psíquicos en los soldados que venían del frente, antes de la llegada de diversos psicotropos que modificaron en profundidad la práctica psiquiátrica. Esta primera versión es el reflejo de la influencia de Adolf Meyer sobre la psiquiatría norteamericana, y se la puede considerar como un compromiso entre el psicoanálisis freudiano y una concepción psicobiológica, según la cual, la noción de reacción de la personalidad ante factores psicológicos, sociales o biológicos es fundamental y se basa en los determinantes genéticos, constitucionales o metabólicos. Estos años ven el impulso de una psiquiatría social y comunitaria, lo que tiene como consecuencia una desmedicalización tanto en los cuadros clínicos como en las intervenciones en la psiquiatría clásica. Una coyuntura económica particularmente favorable ha permitido la inclusión de más terapias y la diversificación de los tipos de terapeutas que intervienen. Ya el DSM-II en 1968 mantuvo la misma lógica.

A mediados de la década de 1970 surgieron intensas críticas que condujeron a una revisión fundamental del DSM y a su adaptación a la clasificación de la OMS (CIM9). Las críticas apuntaban a la dificultad de obtener diagnósticos fiables y válidos, independientemente de las diferentes teorías psicopatológicas. La falta de consenso en el diagnóstico de las patologías mentales —por poca fidelidad entre expertos, según los epidemiólogos— es el resultado de la diversidad de doctrinas psiquiátricas y de un desacuerdo sobre las causas de las enfermedades. Parece que la psiquiatría no podrá ser una auténtica disciplina médica, ya que dejará una parte demasiado importante bajo el criterio personal de los psiquiatras. La construcción de un lenguaje común, cualquiera que sean las orientaciones teóricas de los clínicos, parece la única solución. Al no obtener un consenso diagnóstico sobre las causas, este lenguaje común apunta a establecer un consenso sobre la noción de síndrome, como herramienta *ad hoc* —recogida de datos fiables con criterios diagnósticos y escalas estandarizadas—. Para diagnosticar tal síndrome, el clínico solo tiene que llevar el control de los síntomas, su duración y su intensidad. Este nuevo consenso obtenido tiene como resultado hacer creer que se trata de entidades naturales, de las cuales se conocerá algún día el disfuncionamiento biológico subyacente que las produce.

El DSM-III nace en 1980 después de una batalla tardíamente librada por las asociaciones de psicoanalistas norteamericanos, que intentaron sostener, en vano, la diferencia entre un manual de clasificación epidemiológica, quizás útil para la investigación, y un manual diagnóstico útil para el clínico. La batalla tuvo lugar alrededor de la neurosis. Detrás del término DSM-III hubo de inscribirse el término de la neurosis correspondiente entre paréntesis, por ejemplo: distimia (o neurosis depresiva). El DSM-III-R aparecido en 1978 aplica los mismos principios, pero en 1994 el DSM-IV descarta definitivamente el término «neurosis» por obsoleto. Vencidos en el frente de la neurosis, los psicoanalistas intentaron resistir en el de los trastornos de la personalidad. Los trabajos de los expertos del futuro DSM-V, tal como afirma J.P. Lucchelli, radicalizan su perspectiva atacando esta última categoría clínica. «La mayor parte de los trastornos de la personalidad del DSM-IV ha sido desarrollada por clínicos de orientación psicoanalítica, mientras que ahora estas categorías son utilizadas por clínicos con una orientación cognitivo-conductual y neurobiológica».[3] El proyecto consiste en dar, desde un enfoque «dimensional», una definición cognitiva de los trastornos de la personalidad a partir de una concepción de la conducta y de las escalas que medirán el comportamiento.

Si el primer objetivo del DSM-III era elaborar un lenguaje común a los investigadores y a los clínicos preconizando un «ateorismo» etiológico, el DSM-IV se presenta como un manual que podrá servir de soporte educativo y también de instrumento de enseñanza de psicopatología. No es únicamente un libro de clasificación. Es un manual de psiquiatría al cual se añade una parte terapéutica extraída de cada diagnóstico. El DSM-IV tiene como brújula conceptual lo observable en un momento «t». La descripción del síntoma es fáctica, recogida por un observador objetivo. El diagnóstico determina una terapia estandarizada del síntoma o del síndrome. En suma, se trata de ser el experto de una descripción de la superficie codificada del comportamiento humano y la estrategia de un lazo cada vez más directo entre el diagnóstico de esta superficie y el tipo de medicación. El fracaso terapéutico reside en un error de precisión de la clasificación o en la elección de la medicación. El hombre del DSM-IV es un hombre a quien no se le reconoce su subjetividad. La ambición del DSM-IV, instrumento de la American Psychiatric Association, es hacer una subversión radical del síntoma, en nombre de un nuevo S2 que hace tábula rasa de la clínica psiquiátrica clásica y de las aportaciones del psicoanálisis.

EL FÁRMACO: AGENTE TERAPÉUTICO Y TESTIGO FIABLE DE LA ENFERMEDAD

La articulación estrecha de la clínica del DSM con el medicamento se legitima y se piensa a partir de la estadística. Un medicamento, como señala Philippe Pignarre, «no es nada sin los ensayos clínicos que presiden su nacimiento y que lo acompañarán a lo largo de su vida hasta que otros

3. D. J. Kupfer, M. First, D. Regier, *A research Agenda for DSM-V,* American Psychiatric Association, Washington, 2005.

medicamentos lo suplanten mostrando su superioridad».[4] Los ensayos clínicos no son otra cosa que la aplicación de métodos estadísticos al campo de la medicina. El horizonte actualmente blindado de los medicamentos no tiene nada que ver con un descubrimiento biológico, sino con la invasión del poder de los estadísticos. A partir de ahí, los experimentos clínicos fundan lo que se llama la «medicina basada en la evidencia», objetivo y regulación estricta de la «ciencia clínica». Los ensayos clínicos bajo el sesgo de la estadística están en vías de transformar la comprensión y el abordaje de todas las enfermedades y de unificar la medicina alrededor del medicamento.

Si este método adquiere toda su pertinencia, por ejemplo, en el campo de las enfermedades infecciosas, no es lo mismo en el de la patología mental, en el cual el diagnóstico nunca se ha basado en la evidencia de un indicio biológico fiable. «Ninguna prueba que dé testimonio de diagnóstico fiable, ni en el sentido fuerte de una causa ni en el sentido más débil de una correlación, ha podido ser demostrada, ni en la esquizofrenia ni en las diferentes formas de depresión, ni en las fobias sociales, ni en los otros trastornos mentales, que serían el testimonio de un verdadero descubrimiento sobre la causa biológica de un trastorno mental».[5]

Por esta razón, la investigación en psiquiatría hace variar las características del grupo de pacientes —dicho de otra manera, los criterios de inclusión—, hasta que este grupo «responde» de manera satisfactoria a la molécula candidata. La consecuencia de este tipo de método condujo al hecho de que el medicamento viene a ser la prueba fiable. «El medicamento viene a ser por la fuerza de las cosas su propia referencia: la enfermedad es lo que este medicamento alivia».[6] El medicamento desempeña un doble papel. Es a la vez agente terapéutico y prueba fiable capaz de mostrar que el grupo de pacientes responde por buenas razones.

4. P. Pignarre, *Le grand secret de l'industrie pharmaceutique*, La Découverte, París, 2004, p. 63.

5. P. Pignarre, *Commment la depresión est devenue une épidémie*, Hachette Littérature, 2001, p. 67.

6. P. Pignarre, *Le grand secret...*, *op. cit.* p. 65.

El filósofo François Dagognet[7] es el primero en haber captado «la importancia de los ensayos clínicos en la reorganización total de la medicina. Estos experimentos han reinventado disfunciones enteras de la medicina, de su saber, de sus conceptos, de sus reglas morales y de sus prácticas».[8] La experiencia de los estudios clínicos es la experiencia en la cual se elaboran y precisan, al mismo tiempo, la noción de diagnóstico y del medicamento eficaz sobre el trastorno que se pretende definir. Con el DSM, asistimos a la realización de una pragmática constituida por un conjunto de conductas observables y mensurables que tienen en común permitir formar grupos de pacientes para los ensayos clínicos, independientemente del contenido de su experiencia subjetiva y de su pasado individual.

Los ensayos clínicos y la elaboración de las herramientas diagnósticas que requieren, han desembocado en apenas una generación en una nueva manera de pensar los trastornos mentales y en un cambio de paradigma. Este cambio de paradigma radica, por una parte, en el abandono de la subjetividad en provecho de lo observable, de lo cuantificable, de lo comparable entre un paciente y otro, y por otra parte, en la definición de lo normal y lo patológico a partir de un consenso de expertos. Así, han aparecido nuevos trastornos psiquiátricos. Los TOC, el distimia, el síndrome de hiperactividad, etc. se han multiplicado tanto en la población, que los medicamentos propuestos para estos trastornos han aumentado. Podrán leer varios artículos en este dossier retomando todos estos puntos de manera precisa y documentada. ¿Cuáles son las consecuencias de este cambio de paradigma?

LA DERIVA DEL «PARA TODOS» Y EL SUEÑO BIOLÓGICO

Los efectos del «para todos» son múltiples. Retendremos algunos. El primero permite liberar al psiquiatra moderno de la angustia propia de la relación médico-paciente. La erradicación de toda palabra, la impo-

7. F. Dagognet, *La raison et les remèdes*, PUF, París, 1964.
8. P. Pignarre, *op. cit.*, p. 76.

sibilidad de establecer cualquier transferencia, el manejo del control, el uso del examen técnico complementario, cuya imaginería cerebral es actualmente el ídolo, el recurso al medicamento de manera masiva no dando ningún acceso al sujeto. El fracaso terapéutico, incluidas sus versiones más dramáticas, al quedar reabsorbido por las estadísticas, no contribuye en nada al despertar de la angustia.

El «para todos» del medicamento, del control, y el uno por uno de la clínica, reenvían a distintos estatutos del saber. Jean-Claude Milner distinguía en *Le juif de savoir* el saber absoluto de un saber conectado. ¿No se podría considerar la angustia del practicante como manifestación de un saber conectado? Lo que puedo saber de ti no hace más que remitir a lo que yo puedo saber de mí. El saber de la segunda persona no cesa de dar paso a la primera persona. El saber absoluto de la ciencia, por el contrario, bajo el auspicio del medicamento, se separa del objeto conocido y del sujeto que sabe. «Al cualquiera, en el objeto conocido, responde el cualquiera en el sujeto que sabe. Eso se puede decir de muchas maneras: "ciencia sin consciencia", "forclusión del sujeto", neutralidad. Como el sujeto del saber es un ser hablante, acabará por querer dotarse de una lengua específica que sea la lengua de cualquiera».[9] En nuestro campo será la lengua del control, de la estadística. El medicamento moderno en sí mismo produce saber absoluto, solo es «el penúltimo, porque otro vendrá a compararse siempre con él».[10] Esta constatación de P. Pignarre da cuenta exacta de lo que Max Weber escribía sobre el saber absoluto: «Toda "conclusión" científica está destinada a ser superada y a envejecer».[11] J.-C. Milner lo evoca en estos términos: «El saber es un lugar donde nadie dice nada sobre nada a nadie. Lugar donde además nada permanece».[12]

Otro efecto es el de un diagnóstico que puede ser utilizado por todos. Si el DSM-III-R insistía sobre la necesidad de una buena formación clí-

9. J.-C. Milner, *Le juif de savoir,* Grasset, 2006, pp. 64-65.
10. P. Pignarre, *op. cit.*, p. 52.
11. M. Weber, citado por J.-C. Milner, *op. cit.*, p. 119.
12. J.-C. Milner, *op. cit.*, pp. 64-65.

nica especializada, ahora ya no es necesaria la cualificación de psiquiatra. El DSM-IV dejó de tomar dichas precauciones. En efecto, el manual se recomienda a los psiquiatras, médicos, psicólogos, trabajadores sociales, enfermeras, ergoterapeutas, terapeutas de la rehabilitación, monitores y otros profesionales de la salud y de la salud mental. Esta última categoría incluye a los gestores de la salud, autoridades políticas o aseguradoras, que también tienen una herramienta de trabajo común con los clínicos, probablemente para permitir, entre otras cosas, un control más estricto de la actividad médica bajo una cobertura científica. En Estados Unidos, sabemos cuán determinante es el uso de este manual en el sistema de reembolso asistencial. La psiquiatría descriptiva del DSM permite hacer diagnósticos sin necesidad de ninguna formación psiquiátrica ni psicológica. Hace posible y abarata la investigación epidemiológica permitiendo la observación y la recogida de información diagnóstica a investigadores no especializados. El DSM-IV es un manual accesible a todos y hecho para todos. Los diagnósticos y las estrategias terapéuticas derivadas constituyen los estándares. La American Psychiatric Association (APA) ha puesto en marcha un sistema cuya pretensión es reabsorber en lo universal el malestar de la civilización. Por el momento, la deriva del cuestionario encuentra una de sus ilustraciones en el programa Teen Screen puesto en funcionamiento en Estados Unidos. Este programa, destinado a detectar los trastornos mentales en los adolescentes, ha permitido testar en el año 2005 una muestra de 55.000 niños en 42 estados. El resultado del test produciría un 84 % de falsos positivos. Eso genera inquietud, puesto que sabemos que es obligatorio atender a los niños que presentan ciertas patologías, para que se mantengan en el medio escolar. Al cuestionario «para todos» responde el medicamento «para todos». La desregulación de su prescripción hecha por cualquier practicante viene a ratificar este rumbo a la deriva. El resultado es un consumo excesivo, preocupante, unido a prescripciones cada vez más fuertes y múltiples.

Otro efecto del «para todos» da cuenta del establecimiento consensuado por un grupo de expertos —conviene señalar, a menudo vinculados a los grupos farmacéuticos— de la frontera entre lo normal y lo patológico. La revista de prensa americana que ha establecido Natalie Jaudel para este dossier de *Mental* ilustra bastante bien el problema. El *disease mongering*, una de las últimas estrategias de los laboratorios farmacéuticos, tiene como finalidad medicar la vida cotidiana y así retroceder en las fronteras de lo patológico. El método es simple y reposa sobre la ambición de reducir la psiquiatría farmacológica a una psiquiatría biológica, o sea, genética. Este método consiste en querer transformar en enfermedad un trastorno menor, en tratar los factores de riesgo como si fueran ellos mismos enfermedades, en rebajar el umbral determinante del tratamiento en función de factores de riesgo, o en ampliar los criterios de las enfermedades existentes reconsiderando la curva de Gauss según la cual se distribuyen. Todos estos elementos contribuyen al surgimiento de nuevos segmentos de población susceptibles de beneficiarse de un tratamiento farmacológico.

La emergencia del trastorno bipolar II, los trastornos bipolares no especificados y ciclotímicos es un ejemplo. Ésta ha elevado la incidencia de los trastornos del humor en la población del 0,1 % al 5 %, y por lo tanto, su tratamiento farmacológico.[13] De ahora en adelante, este trastorno puede ser incluso diagnosticado desde la infancia. El maremoto diagnóstico alcanza a los niños desde la edad de dos años y va acompañado de un grado de medicación que antes hubiera resultado impensable. El caso dramático de la pequeña Rebecca Riley, fallecida en diciembre de 2006 a la edad de cuatro años, es un testimonio ejemplar. Acaba de conmocionar a la opinión pública de Boston y de su región, conocida, sin embargo, por la excelencia de los servicios sociales y médicos. Esta niña, que había sido diagnosticada de déficit de atención y de trastorno bipolar a la edad de dos años, tomaba una medicación que incluía un antipsicótico, un estabilizador del humor y un antihipertensor para calmarla; todo ello prescrito según los estándares profesionales.[14] Cabe señalar que

13. D. Healy, «The Latest mania: selling bipolar disorder», *Plos Medecine*, abril de 2006, volumen 3, salida 4, p. 185.

14. B. Carey, «Debate over children and psychiatric drugs», *New York Times*, 15 de febrero de 2007.

a la última generación de antipsicóticos se le reconocía una acción timorreguladora, incluida en la profilaxis del trastorno bipolar. En nombre del trastorno del humor, la prescripción de neurolépticos es en adelante *up to date*. Después de borrar la psicosis con el nombre de trastornos del humor, de haber preconizado el todo antidepresivo, es decir, los timorreguladores clásicos, y una vez constatados los límites y callejones sin salida de estas prescripciones, se vuelve a la prescripción de neurolépticos, hasta entonces medicamentos de la psicosis y que en lo sucesivo serán presentados como reguladores del humor. Curiosas inversiones que no quieren decir su nombre ni el motivo. El trastorno del humor es uno de los ejes mayores de la investigación biológica.

EL UNO POR UNO DE LA PRESCRIPCIÓN BAJO TRANSFERENCIA

El DSM-IV, por su carácter puramente empírico, pretende guiar la clínica psiquiátrica en el mundo. De esta nueva clínica está eliminada toda referencia al sentido, a los significantes propios del sujeto, al tiempo, al inconsciente, al goce. El sujeto puede encontrar en el psicoanálisis una esperanza de liberar su propia historia sintomática, bien sea en un proceso que convoque el sentido para extraer seguidamente la fórmula por la cual se vincula a su *partenaire* síntoma o bien, retomando un momento más tardío de la enseñanza de Lacan, para reducirlo al fuera de sentido del aparato síntoma articulado al goce. Esta nueva clínica articulada, por un lado, a los medicamentos y, por otro, a las TCC, permite al sujeto liberarse de toda explicación causal, de todo sentido y de afirmar una ilusión de omnipotencia. De este modo, queda legitimado para desconocer la guía escondida de su acción en el mundo, que nosotros denominamos fantasma, y el real con el que se topa. Es absolutamente cierto que, a medida que la fragmentación clínica se expande, el pasaje al acto aparece cada vez más enigmático. La multiplicación de los pasajes al acto mortíferos procedentes de niños o adolescentes en Estados Unidos ha conmocionado a la opinión norteamericana y la ha conducido a movilizar todos los campos del saber, sea sociológico, educativo o jurídico, para intentar comprender lo que la clínica psiquiátrica actual no puede elucidar. A la unidad dramática del pasaje al acto responde la fragmentación del ítem clínico, sin relación alguna de uno con el otro.

¿Debemos concluir que el psicoanálisis se opone a los medicamentos? Nada más falso. Lo testifican los numerosos casos clínicos expuestos en este dossier y la mesa redonda concerniente a la prescripción de los psicotropos en los niños. El psicoanálisis no se opone a la prescripción en tanto tal; si fuera el caso sería una posición de principio arcaico y absurdo, es decir, peligroso clínicamente. El psicoanálisis se opone al «para todos» del estándar, de la prescripción sostenida por una clínica del ítem.

Estos casos clínicos dan cuenta con la máxima precisión de una relación ética del psicoanalista con respecto a la prescripción. Prescripción que solo concierne a los sujetos uno por uno. ¿Qué quiere decir una relación ética? Es tomar en cuenta lo real, el goce al cual cada sujeto se ve confrontado, medir lo insoportable. Se trata de saber los límites de los poderes de la palabra y de la transferencia, tener una idea precisa de la dirección de la cura en cada caso. Es saber que la potencia contingente del medicamento puede ser un elemento esencial del dispositivo de *l'apparole* para el sujeto psicótico para realinearlo al lugar del Otro. Auxiliar de *l'apparole,* el medicamento puede hacer del psicoanalista un *partenaire* que tiene la oportunidad de responder.[15] No es desconocer las dimensiones libidinales que puede revestir el objeto fármaco: disminución y aumento de las dosis en un Congreso de la Asociación Mundial del Psicoanálisis (AMP) en Buenos Aires *automaton* de repetición, exceso de vida, obnubilación, goce normativizado de cada uno en un bricolaje de las posologías y de las terapéuticas. También se trata de saber discernir, en la demanda de medicación, la dimensión real, imaginaria o simbólica del objeto que está implícito en la demanda, captar los efectos de significación que puede revestir. Como señala Éric Laurent,

15. É. Laurent, «Comment avaler la pilule», *Ornicar?*, n° 50. *Revue du Champ freudien*, Seuil, París 2003, pp. 61-73. Referencia sobre el medicamento presentada por su autor en el Congreso de la Asociación Mundial del Psicoanálisis en Buenos Aires, en el año 2000.

Lacan apela al médico, en su conferencia «Psicoanálisis y medicina»,[16] a su lugar ético, que consiste en situarse a partir del deseo subyacente en la «demanda». «Esta dimensión ética que acompaña necesariamente al fármaco no es reductible a las normas de la buena práctica».[17] Esta perspectiva implica respuestas variadas: prescripción continua o transitoria, rechazo de ceder a la demanda de prescripción, reducción, modificación o detención de la idea de la terapéutica farmacológica. Ciertamente, el psicoanalista no es quien prescribe, pero su responsabilidad clínica y ética consiste en tomar posición sobre la oportunidad del recurso al medicamento, sabiendo que la prescripción no cura pero «permite trabajar con pacientes decididos», retomando la expresión de Jacques-Alain Miller.[18] Estos casos, en su diversidad, dan cuenta tanto de una renovación como de una ampliación de la clínica, a la cual se tienen que confrontar los psicoanalistas y los practicantes orientados por el psicoanálisis. Los sujetos neuróticos no son los únicos que se dirigen al psicoanalista. La psicosis está muy a menudo en la consulta encubierta por síntomas ya etiquetados por el DSM —TOC, anorexia, depresión...— y en ocasiones medicados. La incidencia de la estructura se hace evidente en la dirección de la cura, pero interpela también al analista sobre la oportunidad de una terapéutica con fármacos.

Para concluir, el medicamento, uno de los significantes-amos de la civilización actual, inscrito en el discurso del Otro, se revela, como sustancia, un modo de tratamiento del goce del cuerpo. En este sentido, concierne al psicoanalista por los efectos de sentido en el sujeto.

16. J. Lacan, «Psychanalyse et médecine», 1966, inédito.

17. É. Laurent, *ibid.*

18. Entrevista de J.-A. Miller por M. E. Gilio, «Rapport sur le médicament», *Documents préparatoires à la Conversation des Sections cliniques*, París, 2 de junio de 2000, p. 51.

¿BIOLOGÍA O FARMACOLOGÍA?*

PATRICK CHESSEL

Shakespeare hizo decir a Macbeth:

> MACBETH: Usted no puede tratar un espíritu enfermo, arrancar a la memoria un desengaño enraizado, borrar las inquietudes inscritas en el cerebro, y gracias a algún antídoto de dulce olvido, aligerar el pecho oprimido del peso peligroso que pesa sobre el corazón.
>
> EL MÉDICO: Se necesita aquí que el enfermo sea su propio médico.
>
> MACBETH: ¡Tire a los perros la medicina!.[1]

Qué contraste con Freud, en el momento del episodio llamado de la cocaína: «Durante mi última grave crisis de depresión, volví a tomar coca y una débil dosis me hizo remontar magníficamente bien. Me ocupo actualmente de recopilar todo lo que se ha escrito sobre esta sustancia magnífica, con el fin de escribir un poema en su gloria».[2] Freud, pionero de la psicofarmacología, no prosiguió más, se sabe, en esta vía y sacó a la luz otra cosa inédita: la causalidad psíquica inconsciente.

* Texto publicado en francés en la revista *Mental*, nº 19. Traducción de Iván Ruiz.

1. Shakespeare, *Macbeth*, acto V, escena III.

2. Freud, S., carta del 2 de junio de 1885, citada en E. Jones, *La vida y la obra de Sigmund Freud*, Ed. Horme-Paidós, Buenos Aires, 1989, tomo I, p. 90.

1952, DEL EMPIRISMO A LA CIENCIA

Ninguna sustancia mágica permite calmar la agitación infernal que reina en los asilos en la misma época. Calmar a falta de poder curar, tal es la consigna y la preocupación de los alienistas a finales del siglo XIX e inicios del XX. Calman a los enfermos sacudiéndoles o haciéndoles padecer las torturas más extravagantes. La invención de las terapias de shock, como la malariaterapia, el coma insulínico, el shock de cardiazol, el electroshock, la leucotomía o lobotomía, por algunas de las cuales han merecido el Premio Nobel sus inventores, abrió una nueva era para la psiquiatría. Jean-Nöel Missa[3] detalla las historias en un ensayo documentado.

Los tratamientos de shock fueron abandonados cuando llegaron los neurolépticos y los antidepresivos. Los neurolépticos, por su efecto antiagitación, modificaron radicalmente la atmósfera del asilo y la práctica psiquiátrica. La clorpromazina o Largactil aportó inicialmente el silencio. Pierre Pichot, autoridad en materia de psiquiatría biológica, haciendo sus compras en el mercado situado bajo las ventanas del hospital de Saint-Anne, recuerda: «En primavera, las ventanas del hospital estaban abiertas y los vendedores podían oír los gritos de los enfermos. Pero el año de la introducción de los neurolépticos, un pescadero que le conocía se inclinó hacia él, intrigado, para preguntarle: "Doctor, ¿qué hacen ustedes allí con sus enfermos? Ya no se les oye"».[4] Si los primeros neurolépticos, Largactil, Haloperidol, aportaban tranquilidad es porque ejercían también una acción sobre las alucinaciones y el delirio: «Esquizofrénicos crónicos que se habían divorciado a causa de su estado psicótico veían desaparecer su síntoma de la noche a la mañana y se volvían a casar con sus antiguos cónyuges. Cada psiquiatra que haya conocido este periodo está dispuesto a explicarle su lote de anécdotas sobre la "resurrección" de pacientes que no se comunicaban desde hacía años».[5] De hecho, hubo un tiempo de coexistencia de las nuevas prácticas farmacológicas y las

3. J.-N. Missa, *Naissance de la psychiatrie biologique*, PUF, París, 2006.
4. J.-N. Missa, *op. cit.*, p. 287.
5. *Ibid.*, p. 290.

terapias de choque, dado que «... la idea de que una psicosis pudiera ser curada mediante una píldora era, entonces, una ideal infantil».[6] Y, de entrada, se introdujo la pregunta de si el medicamento curaba una enfermedad o no hacía más que actuar sobre los síntomas.

Entre 1945 y 1965, la investigación médica conoció una edad de oro, el médico tenía la absoluta libertad de emprender rápidamente los tratamientos experimentales que considerase útiles y la evaluación de la eficacia de los tratamientos reposaba siempre en un juicio subjetivo. Los medicamentos se encontraban más bien por azar que por deducción. Fue antes que nada la observación clínica de los médicos y las enfermeras lo que permitió el descubrimiento de los primeros psicotrópicos en la década de 1950. Este periodo de empirismo terapéutico concluyó en 1962, en el momento en que los ensayos clínicos aleatorios y a doble ciego son confirmados por la evaluación de los tratamientos. La psiquiatría empírica, en sus terapéuticas, tiende a convertirse en una disciplina biológica científica. Cree poder convertirse en ella mediante los ensayos clínicos. Los nuevos productos, surgidos de éstos, dan principalmente menos efectos secundarios molestos, lo que no es en absoluto desdeñable para los pacientes ni, por supuesto, para acelerar la extensión generalizada del consumo de psicotropos. Son productos más afinados pero no fundamentalmente diferentes.

La neuroquímica cerebral no engendró avances terapéuticos revolucionarios en psiquiatría y «hay que reconocer que, en este inicio del siglo XXI, las causas biológicas de la esquizofrenia y de otras enfermedades mentales continúan siendo desconocidas, y que los tratamientos son todavía sintomáticos».[7] Así, la psiquiatría parece todavía condenada a mantener por un tiempo la estrategia del empirismo terapéutico que encuentra su expresión en la estadística. «Si creemos a Claude Bernard, la estadística es la expresión más elevada del empirismo científico. Se asemeja a la ciencia pero no es todavía la ciencia».[8]

6. *Ibid.*, p. 312.
7. *Ibid.*, p. 376.
8. *Ibid.*, p. 17.

1962, EL ENSAYO CLÍNICO

Philippe Pignarre estudia la dinámica propia de la industria farmacéutica. Esta «joya de la corona capitalista»[9] y «el único sector de la medicina que ha conseguido fácilmente su conjunción y su fusión con el capitalismo»[10] podría ver su prosperidad mermada. El auge actual de los genéricos es ya, para el provecho de los laboratorios, una amenaza seria. Las patentes protegen una molécula durante veinte años, de los que diez ya son necesarios para introducirla en el mercado. La totalidad de los trastornos psiquiátricos puede hoy ser tratada, si el prescriptor lo quiere, por genéricos. Además, cuesta cada vez más poner a punto los nuevos medicamentos. Pero, sobre todo, hay cada vez menos medicamentos nuevos. La innovación farmacéutica está en crisis, nos dice P. Pignarre, y los ensayos clínicos[11] exigidos por una legislación fortalecida en 1962 podrían ser la causa. La inversión de tendencia en el número de medicamentos descubiertos es netamente reconocible hacia 1975 y sería debido a los cambios de método de los laboratorios, sometidos a la obligación de llevar a cabo estos ensayos clínicos en el marco de la medicina de las evidencias.

El ensayo clínico, conviene sin duda recordarlo, es un procedimiento que resulta ser el objeto de un protocolo negociado entre laboratorios, médicos, comité de ética, para evaluar un medicamento potencial en seres humanos. Esto se hace en cuatro fases: primero se investiga la peligrosidad a partir de un lote de entre veinte y cien voluntarios; después se compara el producto con un placebo entre mil y cinco mil pacientes. El ensayo es «randomizado» —de *random*, término inglés para designar lo que está hecho al azar— cuando los pacientes sometidos al ensayo están distribuidos por sorteo en dos grupos, de los que uno reci-

9. P. Pignarre, *El gran secreto de la industria farmacéutica,* Gedisa, Barcelona, 2005.

10. *Ibid.*

11. «El filósofo François Dagognet es el primero en haber captado que los estudios clínicos no eran un pequeño detalle en la organización de la medicina, sino que iban a transformarla de arriba abajo...». *Ibid.*, p. 76. Véase F. Dagognet, *La Raison et les remèdes*, PUF, París, 1964.

be un placebo. El ensayo es de doble ciego, ni el paciente ni el prescriptor saben si es el producto o el placebo el que se toma o se da. Todo esto puede llevar casi una década antes de la introducción en el mercado y el inicio de la fase IV, llevada a cabo en diez mil pacientes, y que es también una fase de marketing.[12]

El control por el ensayo clínico del medicamento tiene como función la de controlar su toxicidad y evitar las consecuencias nefastas sobre los pacientes y también impedir las derivas éticas de los experimentadores. Pero esto se ha convertido en una cortapisa, impidiendo la innovación: «Así, en psiquiatría, existe a menudo la queja de que la industria farmacéutica no sea capaz de inventar más que derivados de los neurolépticos, antidepresivos y ansiolíticos puestos en marcha entre 1952 y 1960. Y es verdad...», subraya P. Pignarre.[13] Después del descubrimiento, quizá fortuito, de los grandes medicamentos psiquiátricos —como la Clorpromazina, primer neuroléptico lanzado al mercado en 1952, derivado de un antihistamínico, el Fenergan®, que procede él mismo de un antiparasitario, el azul de metileno, colorante y vermicida para los caballos—, los ensayos clínicos no produjeron más que sucesores sin una innovación fundamental.

La importancia, científica, médica y financiera, considerable del ensayo clínico controlado modificó la invención de los medicamentos. Una vez más, es la debilidad de nuestros conocimientos biológicos lo que nos reduce a hacer triunfar el empirismo de los ensayos clínicos. Los ensayos no deben nada a los descubrimientos de la biología, resultantes de trabajos universitarios, no son más que la aplicación de métodos estadísticos a la medicina. En el mejor de los casos, se busca identificar un ciclo biológico preciso y se construye la molécula-medicamento artificialmente, como una llave ajustándose en una cerradura. Es más bien una ingeniería la que se pone en marcha. Son robots que fabrican y testan automáticamente miles de moléculas.

Ninguna solución milagrosa parece haber venido de la genética para

12. «Qu'est-ce qu'un essai clinique?», P. Pignarre, *op. cit.* p. 22.

13. *Ibid.*, p. 75.

poder fabricar medicamentos que intervendrían en relación con las causas últimas. «Con la genética, la investigación académica prometió el oro y el moro... Hay que reconocer que el resultado es globalmente negativo y que no está próximo a un cambio».[14]

Los ensayos clínicos y la elaboración de todos los instrumentos diagnósticos crearon una nueva manera de pensar los trastornos mentales. La molécula remodela la clínica. Actuando sobre los neurotransmisores, se convierten éstos en la explicación incluso en la causa de la enfermedad. La enfermedad se convierte en lo que la molécula cura. Se vieron surgir «nuevos trastornos psiquiátricos que no existían antes más que de manera relativamente rara: los trastornos obsesivo-compulsivos, distimia, depresión recurrente breve, etc. Cuanto más aumenta el número de medicamentos propuestos en estos trastornos, más aumenta el número de personas que parecen igualmente sufrirlos».[15] Además, la banalización de la prescripción de psicotropos se acentúa.

Según P. Pignarre, y nosotros compartimos su análisis sobre este punto, la psiquiatría de los psicofármacos que se presenta como una «psiquiatría biológica» no tiene, de hecho, «nada de biológica, es únicamente farmacológica».[16] No se puede intentar hacer la psiquiatría más «objetiva» más que por un abuso de autoridad: es esto lo que intentaron los dos informes del INSERM publicados en 2002 y 2005,[17] en los que «toda la argumentación pretende hacernos aceptar que los verdaderos progresos en el dominio de los trastornos mentales no podrán llegar más que gracias a la identificación de factores biológicos».[18] No siendo el modelo más que un acontecimiento de la vida actúa sobre el organismo y crea una demanda biológica en relación con el genoma y va, así, a activar los factores de riesgo genéticos.

14. *Ibid.*, p. 118.

15. *Ibid.*, p. 151.

16. P. Pignarre, *Les Malheurs des psys, Psychotropes et médicalisation du social*, La Découverte, París, 2006, p. 49.

17. *Ibid.*, p. 54.

18. *Ibid.*, p. 120.

2004, LAS CRISIS

David Healy, que hace la historia actual de la psicofarmacología, piensa que esta historia «está netamente delimitada por dos acontecimientos que tuvieron lugar en París: uno de ellos con fecha de 1952 y el otro de 2004».[19] 2004 es el año de una serie de crisis, una de las cuales está ligada a la tentativa muy actual de medicalizar el sufrimiento de los niños. Se desarrolló en relación con los efectos secundarios debidos a la utilización de los ISRS —antidepresivos—, dado que había una oposición entre los datos brutos de los ensayos conocidos en 2004 y su interpretación por parte de la literatura científica. «Esto condujo a *The Lancet* a afirmar que no había solamente una crisis relativa a los efectos secundarios de un grupo de medicamentos administrados a pacientes integrantes de un grupo de edad limitada, sino, de manera más general, una crisis que afectaba a la medicina fundada en la evidencia».[20] El entusiasmo por el abordaje basado en la evidencia, en psiquiatría se revela simplista y no va al centro del problema.

El año 2004 es también el año de la fusión de dos grandes laboratorios franceses, la concentración antes de relanzar la invención, y el debate que tuvo entonces lugar sobre la tendencia a no comercializar más que medicamentos de confort. «De hecho —escribe D. Healy—, ningún avance terapéutico no se había producido en psiquiatría desde hacía cincuenta años».[21]

Algunos medicamentos se elevaron a un lugar de acontecimientos culturales y el nombre de algunos de ellos se convirtió en emblemático de una época. Tienen la ambigüedad de ser productos que resultan comerciales pero que, por otra parte, están condicionados por la prescripción. Y parece justo declarar que: «Sin este estatuto de medicamentos dispensados únicamente bajo prescripción facultativa, la historia de la

19. D. Healy, «Psycopharmacologie et histoire: un manifeste», *PSN*, nº 3, mayo-junio de 2004.

20. *Ibid.*, p. 7.

21. *Idem.*

psicofarmacología hubiera sido bien distinta». Los laboratorios no hubieran tenido para vender los conceptos de depresión, de trastorno de pánico, de esquizofrenia como lo hacen, si no hubieran recurrido a otras concepciones apoyadas en el sentido común; una cuestión interesante sería saber a qué velocidad se desmantelarían entonces nuestras concepciones más categoriales de las enfermedades mentales».[22]

Por otra parte, la prescripción de psicotropos, patrimonio inicialmente de los especialistas, se generalizó a los médicos de cabecera. Además, la necesidad misma de la prescripción parece actualmente eludida mediante Internet. Otro factor: las estrategias comerciales se dirigen menos a los médicos que directamente a los consumidores a través de las asociaciones de padres o de pacientes.

Los medicamentos tienen efectos, como Freud mismo había señalado. El medicamento será requerido para pacificar o estimular. Será abandonado por calmar demasiado o dar demasiada distancia, incluso de indiferencia ante la vida. Inquieta por la necesidad de una muleta biológica permanente. Dramatizado, encarna la reducción biológica del sujeto a su cerebro; banalizado, no impedirá al sujeto hacerse la pregunta de lo que está en juego en su existencia.

22. *Ibid.*, p. 6.

LA EVALUACIÓN DE LAS PSICOTERAPIAS

MONTSERRAT PUIG

¿Por qué estudiar la evolución en los últimos cincuenta años de la evaluación y reglamentación de la eficacia y comercialización de los medicamentos cuando nuestra preocupación es más bien el avance de la regulación, estandarización y homologación de las prácticas «psi» (psicoterapéuticas, psicoanalítica)? Se trata además de campos muy distintos y sin ningún punto de conexión aparente. Parecería que lo que es aplicable como evaluación a un fármaco (fruto indiscutible de la ciencia y de la técnica) nunca puede ser aplicable a una psicoterapia o al psicoanálisis (cuyos campos son los de los efectos de la palabra sobre la subjetividad y el cuerpo). Es más, pareciera que el modo en que se evalúa un fármaco, su eficacia y su ratio riesgo-beneficio, es totalmente congruente con lo que es: un avance científico-técnico al que se aplican los métodos científicos. Lo que estaría fuera de cualquier discusión.

La primera respuesta a nuestra pregunta es que lo que se pretende en el empuje evaluador actual, y de hecho ya se está haciendo, es aplicar la metodología para la evaluación de un fármaco al campo de las psicoterapias. Sabemos que de ello se pretenden derivar además las reglamentaciones, acreditaciones y homologaciones pertinentes en aras a conservar solo las psicoterapias de eficacia científicamente probada.

Las voces que denuncian el hecho de que la metodología aplicable a un fármaco no lo es a las terapias que operan por la palabra no son nuevas. Han sido siempre descalificadas con el único argumento *prêt-à-porter* de constituir una resistencia a los avances de la ciencia y de derivarse del miedo a construir una evaluados por un método «objetivo», dado que en el fondo del corazón de los resistentes se sabría que las terapias que ellos aplican no tienen ningún valor en la época de los avances científico-técnicos, la época de los avances terapéuticos logrados en el periodo de lo que se ha llamado «la revolución terapéutica en medicina». Pero también se ha intentado demostrar por parte de diversas orientaciones psicoterapéuticas que las psicoterapias se pueden batir con los fármacos en su mismo terreno de evaluación. Se han realizado desde hace años y de forma muy precoz estudios en este sentido, que por supuesto no han llegado a ninguna conclusión «científicamente probada». Por otro lado tampoco han faltado las voces, algunas de ellas muy prestigiosas, que, ante lo irremediable, han intentado salvar el concepto de «psiquismo», barrido por la metodología de estudio de los fármacos, intentando construir una teoría que lo hiciera compatible con la «innegable eficacia de los nuevos fármacos». Tal es el caso, por ejemplo, de Daniel Widlöcher, psiquiatra y psicoanalista (reciente presidente de la International Psychoanalytical Association [IPA]) que ha dirigido un servicio universitario de ciencias cognitivas y que ha intentado «salvar» a la psicoterapia dinámica en el caso de la terapéutica de la depresión con el argumento de distinguir dos niveles: uno elemental, sobre el que actuarían los psicotropos (reduciendo el enlentecimiento o las aceleraciones psíquicas y motrices puras) y otro intencional, sobre el que actuarían las psicoterapias. De este modo el psiquismo saldría complejizado del avance de la ciencia y no eliminado. O el del libro publicado hace menos de dos años en Francia titulado *Medicina, psiquiatría y psicoanálisis, por una ética común*. Se trata de la recopilación de un coloquio celebrado en junio de 2001 con ocasión de la celebración del 75 aniversario del equipo clínico y el comité médico de la clínica Dr. Rizk. Vano intento de pacto con una concepción del ser humano que lo reduce a lo que algunos denominan un «cuerpo mental» sin lugar para el sujeto.

Intentos de este tipo que pretenderían conservar un lugar para las psicoterapias en los llamados «tratamientos combinados» (fármaco+psicoterapia) no hacen sino jugar a favor de la medicalización del campo psi y de la subordinación de todo abordaje clínico a la clínica del medicamento. Sabemos que los avances reguladores puestos en marcha en distintos países de Europa van en este sentido. En el caso concreto de

Cataluña, que siempre gusta de ser la avanzadilla europea de España, los movimientos para protocolizar la práctica en la salud mental ya han comenzado. Por supuesto al estilo catalán, es decir, buscando el consenso, que en la práctica no es más que la búsqueda de la complicidad, de los psiquiatras y psicólogos, que trabajan en la sanidad pública.

Si bien podemos estar de acuerdo en que la evaluación del efecto de las psicoterapias y la del efecto de un fármaco no puede ser la misma, la simple denuncia de ello produce el efecto de retorno, con las acusaciones de resistencia al progreso, siendo el psicoanálisis el primer destinatario, con campañas que hemos conocido en los últimos años lanzadas en los medios de comunicación de masas sobre la muerte del psicoanálisis, su verborrea y su falta de rigor por ser una práctica no evaluable según los «métodos científicos». No basta con decir «a nosotros no nos evalúen como a ellos, nosotros no somos un fármaco cuyos efectos se pueden medir y objetivar».

No le supongamos tanto a las investigaciones llamadas científicas y desembaracémonos un poco, nosotros también, del espejismo del ideal científico. Hay que ir a ver de qué operación se está hablando cuando se habla de la prueba científica de una evaluación en el caso de un medicamento. Cuando uno lo hace, entonces se da cuenta de que se trata de un gigante con pies de barro y de que eso que se intenta imponer al conjunto del campo psi está en plena crisis no solo en el caso los medicamentos psicotropos, sino para el conjunto de la investigación farmacológica en medicina.

En los últimos años han aparecido numerosos libros que analizan los *impasses* a los que ha llegado la investigación farmacológica. Puede sorprender que los autores de estos libros no formen parte de las llamadas «medicinas alternativas» (la estrategia de ellas ha sido más bien la de apostar por ver cómo entrar en el terreno y dejar de ser «alternativas», lamentablemente ha sido también la estrategia del psicoanálisis «oficial» en la IPA en Estados Unidos), sino que los libros más interesantes son los escritos precisamente por personas que durante muchos años han trabajado en laboratorios farmacéuticos, o en la investigación hospitalaria y universitaria.

Tal es el caso por ejemplo de David Healy, médico psiquiatra investigador clínico en psiquiatría en la Universidad de Cambridge entre 1986 y 1990, secretario de la British Association for Psychopharmacology, director del North Wales Department of Psychological Medicine desde 1992 y autor de doce libros, entre ellos *La era de los antidepresivos* y *La creación de la psicofarmacología*. Healy fue vetado para un puesto en la Universidad de Toronto en el año 2000 a raíz de la presentación en una comunicación de un congreso internacional en la que exponía su cuestionamiento sobre la independencia de la investigación farmacológica universitaria respecto a las exigencias de la industria farmacéutica, que al fin y al cabo la financia. O el caso de Philippe Pignarre, que trabajó como investigador diecisiete años en la industria farmacéutica, y es actualmente encargado de cursos sobre psicotropos en la Université de Paris-VIII y director de la editorial Les empêcheurs de penser en rond/ Le Seuil. Pignarre ha publicado en diversas editoriales títulos de gran impacto como: *Las dos medicinas. Medicamentos, Psicotropos y sugestión terapéutica*, *¿Qué es un medicamento? Un objeto raro entre ciencia, mercado y sociedad*, *Fuerza de los psicotropos, poder de los pacientes* o el último, *El gran secreto de la industria farmacéutica*, publicado en español por la editorial Gedissa.

¿Qué nos dicen estos autores? Que el terreno que explotan las investigaciones farmacéuticas es cada vez menos fértil, que los avances terapéuticos que aportan las nuevas moléculas son cada vez mas imperceptibles y por ello es cada vez más difícil ponerlos en evidencia, que la investigación farmacológica ha entrado en un *impasse*, que la época de la revolución terapéutica se terminó allá por el año 1975. No entraré en detalle sobre el detenido análisis que se realiza en estos libros, muy bien documentados. Solo quiero darles algunas pinceladas para poder ir al fundamento de la metodología de esta investigación: los ensayos clínicos.

Los ensayos clínicos están en la base del reconocimiento de los nuevos fármacos, su eficacia, las dosis recomendadas, la duración del tratamiento y sus efectos indeseables. Por supuesto, también la determinación de las enfermedades a los que van dirigidos. Nacieron en la época del gran boom del descubrimiento de nuevos fármacos que permitían el tratamiento de enfermedades que hasta ese momento no tenían tratamiento (entre las décadas de 1930 y 1970) como un modo de regular la toxicidad de los productos introducidos en el mercado tras el desastre de la Talidomida a finales de la década de 1950, es decir, como la respuesta a un problema ético. De modo que en 1962 a la Food and Drug Administration (FDA) en Estados Unidos, creada una década antes, se le otorga la misión del control de la toxicidad de los productos introducidos para el consumo y de su eficacia, así como el poder de decidir cuáles van a ser de prescripción obligatoria y cuáles de venta libre. Un primer deslizamiento se produce: son los laboratorios farmacéuticos los que deben aportar las pruebas para que la Agencia del medicamento apruebe los fármacos. Así se empieza a institucionalizar la idea de que los ensayos aleatorios, a doble ciego y controlados con placebo o con un medicamento de referencia son el medio probado, y de hecho el único medio científico para establecer la eficacia de un medicamento. Ésta no es una cuestión banal, ya que las nuevas moléculas solo se estudian en referencia a las viejas y según los parámetros o escalas diseñados para éstas. De hecho, el medicamento de referencia se convierte en la prueba de referencia, de modo que la enfermedad es lo que el medicamento cura. Es lo que se ha denominado «la carrera de los sucesores». Los ensayos de este tipo se introducen muy precozmente en la psiquiatría, para extenderse, como sabemos, en los últimos años a todo el dominio de la salud mental, incluidas las psicoterapias. Son usados como el modo de eliminar los tratamientos considerados como ineficaces o muy costosos. Parecería un método de investigación objetivo al máximo (elección de los pacientes aleatoria, doble ciego). Ya no se puede eliminar más el factor humano de una investigación. Bien, pues lo que sacan por la puerta les entra por la ventana. Solo me detendré en un par de aspectos del cuestionamiento de esta supuesta objetividad científica.

—La única prueba aportada por los ensayos clínicos es la aportada por los cálculos estadísticos. Así se confunde la experimentación con la probabilidad estadística. Hasta el punto de que es el fundamento de la llamada «medicina basada en la evidencia».

Los ensayos clínicos, leemos en Pignarre, «no deben nada a la biología, son solo la aplicación de métodos estadísticos al campo de la medicina. De hecho fueron importados a la medicina desde la agricultura. No tienen ninguna especificidad».

—¿De dónde viene este poder de las estadísticas? De un intento de apartar lo que no se sabe y seguir avanzando. Me explico: la revolución terapéutica se inició fundamentalmente con la localización de las terapias antibacteriológicas. Todas ellas, como saben, descubiertas de forma fortuita y con una gran evidencia sobre su eficacia. Hay que decir que, por ejemplo la penicilina, no necesitó de ningún ensayo clínico para demostrar su eficacia. Este ideal se mantiene en un doble sentido: encontrar la única causa de cada una de las enfermedades para poder encontrar el medicamento específico. A la especificidad de la causa le correspondería la especificidad de la solución. En ningún otro campo de la medicina más que en las enfermedades infecciosas se cumple esta ley, pero sigue siendo el ideal sobre el que se basan las investigaciones. Se produjo entonces un desplazamiento del porqué (que podía ser contestado solo en el caso de la causa infecciosa) al cómo que sustituye a la pregunta sobre la causa en las investigaciones actuales. Pero se produjo aún un desplazamiento más aplicable a muchas investigaciones: como no se sabe ni el porqué ni el cómo se intenta calcular estadísticamente la probabilidad de que ello suceda. Una vez calculado, si es «estadísticamente significativo» se hace sustituir por la evidencia de que eso es así sin más preguntas. Sin embargo, la búsqueda por la simplificación que supone la especificidad se mantiene. La psiquiatría ha sido la especialidad médica más tocada por este mito, que quiere llegar hasta la especificidad de la causa genética. Causa genética que ya se sabe de entrada que no podrá hallarse, pero cuyos estudios no paran de bombardear a la opinión pública y a los médicos como si estos hallazgos estuvieran a punto de producirse.

Como no se tienen marcadores fiables de las enfermedades, se entra en el terreno del consenso entre expertos. ¿Cuándo se considera que un nivel de colesterol es dañino y merece ser medicado? ¿Cuándo se considera que alguien está deprimido, que se ha curado de su depresión, que sufre una recaída o estamos ante una recidiva del mismo episodio, o solamente está aquejado del dolor de existir?, ¿cuándo un duelo se considera «patológico» o normal? ¿Cuándo se trata de una timidez normal o de una fobia social? Como ven, los márgenes en los que se considera la posibilidad de un tratamiento pueden llegar a ser de lo más resbaladizo y la repercusión sobre muchos supuestos enfermos y el gasto farmacéutico inmenso.

Además, el consenso sobre los criterios diagnósticos se hace imprescindible para la maquinaria de los ensayos clínicos. Una vez lanzados los ensayos a gran escala y multicéntricos (otro de los requisitos que parece que van a favor de la objetividad de los resultados), la uniformidad de los pacientes se hace necesaria. No solo la uniformidad, sino el tomar solo los parámetros que pueden ser medibles y comparables, el resto queda descartado. De este modo los cuadros clínicos descritos en la psiquiatría clásica, para el campo que nos ocupa, se van reduciendo solo a lo que las escalas de medición consensuadas permiten aislar. Con ello se fragmentan los diagnósticos y «cada uno» de los pacientes desaparece. La particularidad del caso no interesa. Lo que interesa es lo que hace a un paciente comparable con la masa de los otros pacientes que están incluidos en el estudio. La distancia entre la «realidad clínica» y la investigación farmacológica es cada vez más grande. No hablemos ya del llamado paradigma llave-cerradura (el colmo de la especificidad) que, en un intento de racionalizar la búsqueda de moléculas que tendrían algún efecto sobre el cuerpo humano que podría después a lo mejor ser terapéutico, ha llevado a la investigación de los laboratorios farmacéuticos a una auténtica locura de diseño de moléculas por simulación informática y a la prueba de forma robotizada de miles de moléculas diarias sobre los poco más de cuatrocientas posibles cerraduras biológicas aisladas en el cuerpo humano.

A medida que los logros en la investigación farmacológica basada en los ensayos clínicos son cada vez menores, la necesidad de la demostración de las diferencias entre moléculas se hace cada vez más acuciante para poder presentar novedades en el mercado (la caducidad de las patentes comerciales impone esta novedad). Pero como las novedades son cada vez menores los ensayos clínicos cada vez se hacen más largos en el tiempo e implican cada vez a más pacientes (miles de ellos). Con lo que el coste de lanzamiento de cada nuevo fármaco es cada vez mayor, las campañas de lanzamiento cada vez más voraces y la necesidad de que llegue a un mayor número de pacientes lleva a ampliar cada vez más las indicaciones de dicho fármaco. De ahí a que asistamos continuamente a la lucha de los laboratorios para que sus fármacos sean reconocidos por las agencias de autorización de medicamentos para un número mayor de enfermedades y para promover la ampliación de los criterios de prescripción y el alargamiento de los tiempo de tratamiento. Uno de los casos más patentes es el de los llamados nuevos antidepresivos (Prozac® y el resto de los ISRS), que también salieron al mercado como un logro a favor de la especificidad (eran más selectivos que los «sucios» antidepresivos tricíclicos) contra la depresión y que cada vez más van ampliando sus indicaciones. Al final cabe preguntarse qué es lo que no se puede tratar con estos fármacos, ya que «curan»: depresiones, distimias, ataques de ansiedad, trastornos de la alimentación, TOC, fobias sociales, trastornos del control de los impulsos, ansiedades generalizadas... seguro que la lista no terminará aquí. Es lo que llamamos la medicalización de las neurosis, en las que se van aislando nuevos cuadros con el fármaco indicado para ello. Pero también nos encontramos, después del esfuerzo por sacar del campo de las psicosis a la antigua psicosis maniaco-depresiva y situarla en los trastornos del humor, con el avance de los «nuevos antipsicóticos» para conseguir la autorización como indicación terapéutica en la manía, tanto en los brotes agudos como en la prevención de recidivas, por ejemplo. Por supuesto, sin cuestionarse el mito de la especificidad, sino que incluso se usa como arma arrojadiza contra el psicoanálisis con la acusación de que no es un tratamiento «específico», sino «general», por lo que en todo caso solo sería útil para soportar mejor la vida y sus avatares desgraciados, pero que nunca podría considerarse como una terapéutica.

Por supuesto la prevención, con el aislamiento de los cuadros resistentes y los cuadros «subclínicos» (fuera de los criterios del DSM) o de los síntomas prodrómicos, es el nuevo campo de batalla en el que los laboratorios se están aplicando para ampliar la población susceptible de ser medicada y cada vez por más tiempo.

Dejando aparte, aunque no por ello lo menospreciemos, el poder económico y mediático del que la industria farmacéutica ha hecho uso, ¿cómo pudo avanzar la reducción de la clínica a la del medicamento hasta el extremo de ser la psiquiatría dominante y en tan pocos años? Hay que tener en cuenta que en los años del inicio de este movimiento y en el del descubrimiento de los psicotropos fundamentales, la psiquiatría norteamericana, donde empezó con fuerza la medicalización o, mejor, esta reducción a la clínica del fármaco, era un campo en el que las tesis del psicoanálisis estaban bien implantadas. ¿Tuvo, tiene algo que ver el psicoanálisis en toda esta transformación de la psiquiatría clásica en psiquiatría biológica y en la rapidez con que se ha instaurado en todo el planeta? Revisando la historia y los personajes implicados en este asunto, podemos decir que, como mínimo, estuvo implicado, e incluso que sin saberlo parece que jugó a su favor. Con ello no quiero decir que el psicoanálisis norteamericano buscara el resultado que se ha dado: la victoria de la psiquiatría biológica sobre la psiquiatría de inspiración psicoanalítica, sino que con su posición lo favoreció. Me arriesgo a decir que lo ocurrido puede leerse como el retorno sobre el psicoanálisis de una primera elección: la reducción del psicoanálisis al psicoanálisis médico, es decir, el rechazo de la práctica laica del psicoanálisis. Lo podemos leer como la primera acreditación o regulación de la práctica del psicoanálisis producida por los psicoanalistas mismos.

¿Cuál fue el efecto? La confusión del psicoanálisis con la psiquiatría, con la creación de la psiquiatría psicoanalítica. Es decir, dejar al psicoanálisis en manos de la corporación médica con los ideales de salud y el furor terapéutico que la caracteriza, acrecentado en la época de la revolución terapéutica. El tratamiento del síntoma en medicina equivale a su desaparición como signo de la enfermedad. Una vez abierta la posibilidad de un tratamiento dirigido al síntoma presentado como «rápido, eficaz y selectivo», la pendiente para darle credibilidad a las teorías que sustentan tal tratamiento estaba servida. Ello sin olvidar el ideal de la etiología orgánica de las enfermedades mentales que se mantuvo, al menos para el campo de las psicosis, en gran parte de los analistas norteamericanos.

Por otro lado, el psicoanálisis norteamericano ha estado implicado en las reformulaciones de la nosología psiquiátrica para dar cabida al gran enigma de la eficacia sobre la terapéutica de los síntomas aportada por los psicotropos. Al menos hasta 1980, año en el que es rechazado de plano en la versión DSM-III, construida enteramente para limpiar el DSM de cualquier concepto freudiano como fue, por ejemplo, el caso de la aceptación del «trastorno de pánico» para poder prescindir de la «neurosis de angustia», poco acorde con la difusión del tratamiento con Alprazolam.

Al DSM-II se le ha llamado el DSM psicoanalítico. El salto a la tercera edición fue brutal y sin retorno posible. La nosología de la psiquiatría clásica, y con ella la psicoanalítica, que era su heredera, quedó dinamitada para siempre.

Algunas de las cuestiones que los norteamericanos ayudaron a establecer fueron, por ejemplo, la diferencia entre depresión neurótica o reactiva y la depresión endógena o melancolía. Ello fue un intento de salvar para el psicoanálisis el campo de la psiquiatría privada o ambulatoria, frente al avance de la medicación antidepresiva. Se ha visto que la estrategia resulta equivocada y en la actualidad sabemos que es precisamente lo que fue la depresión neurótica, uno de los principales objetivos de la medicalización y del consumo de fármacos. Otra fue la contribución por parte de Klerman (formado en el Massachusetts Mental Center, de tendencia psicoanalítica) a la creación del Centro de Investigación en Psicofarmacología a finales de la década de 1960, a partir de fondos del Congreso de Estados Unidos, coordinando los primeros estudios multicéntricos sobre la Clorpromacina y trabajando junto con Michael Shepherd (británico) en la concepción de la psicoterapia interpersonal (un modo de estandarizar el elemento no específico que es la transferencia), y trabajando en la elaboración del DSM-III, así como en un proyecto del NIMH para evaluar el efecto de los psicotropos. Todo ello sin olvidar la hipótesis lanzada por Kline (el artífice de la primera financiación del Congreso de Estados Unidos para el estudio de los psicotropos en 1955) en 1956 para explicar la acción de los fármacos en términos psicoanalíticos: «Sabiendo que los conflictos psíquicos implican todos alguna forma de fijación de energía psíquica y que una gran parte de la energía del yo está consagrada a bajar la energía instintiva (o del ello) hasta provocar diversos estados de inhibición, podemos pensar que un medicamento que inhibiera la energía del yo supondría la liberación de energía del ello —de manera que podría ser un estimulante psíquico. Inversamente, un medicamento que redujera la energía libidinal sería susceptible de liberar la energía del yo». «Si seguimos esta hipótesis —dice Healy en el libro citado anteriormente— se entiende la importancia de encontrar la dosis exacta, ya que una liberación excesiva de energía del ello llevaría el riesgo de precipitar al sujeto en la psicosis».

En este sentido podemos ver claramente cómo el desarrollo de la hipótesis catecolinérgica de la depresión en 1965 pudo ser el inicio del fin de la psiquiatría psicoanalítica norteamericana. El campo de las neurosis y de la atención extrahospitalaria, principal campo de acción del psicoanálisis, había sido tocado. La solución tóxica del malestar de vivir tenía las puertas abiertas para generalizarse.

Por supuesto, además de los legisladores y las compañías de seguros, para saber qué pagaban y qué no, y de la industria farmacéutica, también el *stablishment* psicoterapéutico norteamericano adoptó el DSM-IV en contra del psicoanálisis, ya que en las décadas de 1960 y 1970 se había producido el inicio de las terapias cognitivo-conductuales. Si bien ya en 1952 Eysenk había sostenido que no existía ninguna prueba sobre la eficacia de ninguna de las psicoterapias psicodinámicas sobre ninguna de las patologías mentales, ello tuvo pocas repercusiones al no ser el momento en el que la cuestión de la evaluación estuviera en primer plano. Pero con el desarrollo de la TCC en las décadas de 1960 y 1970 y su inmediata disposición a ser evaluada por la metodología de los ensayos clínicos como un fármaco más, la evaluación retorna sobre las psicoterapias orientadas por el psicoanálisis y se empiezan a hacer meta-análisis comparando estudios de eficacia de TCC, fármacos y los estudios realizados anteriormente en el campo psicoanalítico sobre la eficacia del acortamiento y la focalización del tratamiento. La guerra de la evaluación de las psicoterapias quedaba abierta. Los resultados son de todo tipo y las acusaciones cruzadas de manipulación de los datos o de lectura interesada de los resultados se multiplican. En la década de 1980 la terapia interpersonal entra con fuerza en los estudios de evaluación de eficacia, y diez años más tarde la formación de psicoterapeutas de esta terapia estandarizada y de fácil aplicación ya había sido suficiente para publicar el primer estudio de su eficacia como complemento a la terapéutica farmacológica. De modo que la cuestión ya no es desde entonces si una terapia es o no eficaz, sino cuál es la mejor combinación terapéutica para cada uno de los trastornos. Por supuesto, en la mayor parte de las combinaciones terapéuticas el fármaco es el elemento principal.

Para terminar, solo señalar que, si se mira toda la larga batalla sobre la eficacia y las indicaciones de las distintas psicoterapias, resalta en cada uno de los estudios medianamente serios que la transferencia es el elemento no solo no estandarizable y difícilmente mesurable, sino también el elemento esencial de la eficacia de cada una de las modalidades de psicoterapia, y ello puede ser dicho en términos de que lo importante es «la personalidad del terapeuta» o en los términos aparentemente opuestos de que el único índice de predicción de eficacia de las TCC en los TOC es la «motivación del paciente frente a la terapia».

BIBLIOGRAFÍA

PH. PIGNARRE, *El gran secreto de la industria farmacéutica*, Gedisa, Barcelona, 2005.

D. HEALY, *Le temps des antidépresseurs,* Les empêcheurs de penser en rond/ Seuil, París, 2003.

MEDICACIÓN BAJO TRANSFERENCIA*

MARIE HÉLÈNE DOGUET-DZIOMBA

Cuarenta años después del «Petit discours»[1] que Lacan dirigió a los psiquiatras, el lugar del psicoanálisis de orientación lacaniana en la psiquiatría, más que nunca decisiva en el porvenir de esta última, puede permitir al médico advertido situar el medicamento de manera correcta en un dispositivo llamado de cuidados. Esta forma correcta la llamaré «medicación bajo transferencia». Hablar de fármacos bajo transferencia es indicar que es imposible separar el medicamento del nudo que representa la subjetividad del paciente que se dirige al psiquiatra.

LA ORIGINALIDAD DE LA POSICIÓN DEL MÉDICO

La «pureza bioquímica» es una ilusión, al igual que es vano tratar de «aislar la creencia en el medicamento como sugestión», es imposible separar el medicamento del sujeto que lo toma.[2] El medicamento psicotropo no se puede reducir a una sustancia activa de la que podríamos objetivar la pureza del efecto a partir de escalas cuantitativas u otras representaciones gráficas cerebrales. Del mismo modo, el querer opo-

* Este texto fue publicado en francés en la revista *Mental*, nº 19. Traducción de Óscar Ventura.

1. J. Lacan, «Petit discours aux psychiatres», 1967, inédito.

2. É. Laurent, «Comment avaler la pilule», *Ornicar?*, nº 50, Seuil, París, 2003, p. 65.

ner el psiquiatra «recetador» y el psiquiatra «psicoterapeuta» representa un error de orientación. Esta misma oposición, ideológica en su principio, no hace más que reforzar la doble ilusión denunciada más arriba; aún más, su único desenlace no puede ser más que la destrucción de la originalidad de la posición del médico tal y como Lacan lo expresó en su conferencia de 1966 sobre «El lugar del Psicoanálisis en la medicina». «El médico —afirmaba— tiene el papel de sabio fisiólogo, pero se le adjudican aún otras funciones: el mundo científico vierte entre sus manos el número infinito de lo que puede producir como agentes terapéuticos nuevos químicos o biológicos, que pone a disposición del público y demanda al médico, como lo haría con un agente distribuidor, ponerlos a prueba. ¿Dónde se encuentra el límite en que el médico deba actuar y a qué tiene que responder? [...] Es en el registro del modo de respuesta a la demanda del enfermo donde se encuentra la posibilidad de supervivencia de la postura propiamente médica».[3] En este texto Lacan contemplaba la «demanda» como un nudo entre la demanda de saber, el deseo y el goce del cuerpo —teniendo en cuenta que el cuerpo está hecho para «gozar de sí mismo». He aquí la forma radical en que planteaba la pregunta de la supervivencia de la posición del médico: «¿Cómo podrá oponerse el médico a los imperativos que le transformarían en empleado de esta empresa universal de la productividad? Su único terreno es la relación mediante la cual él es médico, es decir, la demanda del enfermo. Es en el interior de esta relación cerrada donde se halla la revelación de esta dimensión en su valor original, que no tiene nada de idealista, sino que representa exactamente lo que acabo de decir: la relación con el goce del cuerpo».[4]

Esta pregunta de una actualidad apabullante permite proponer una

3. J. Lacan, «La place de la Psychanalyse dans la médecine», conferencia y debate en el Collège de Médecine de la Salpêtrière, *Cahiers du Collège de Médecine,* 1966, pp. 761-774.

4. J. Lacan, «La place de la Psychanalyse dans la médecine», conferencia y debate en el Collège de Médecine de la Salpetrière, *Cahiers du Collège de Médecine*, 1966, pp. 761-774.

alternativa: o el agente distribuidor farmacéutico, empleado de la empresa capitalista de productividad, que desmantela la postura del médico, o la reintroducción del objeto medicamento en un dispositivo de lenguaje que parte de la demanda singular del paciente, de sus afirmaciones acerca de lo que le provoca sufrimiento en sus pensamientos o en su cuerpo.

En esta perspectiva conviene prestar una atención especial al hecho de que dos enmiendas recientes sobre el uso del título de psicoterapeuta han sido introducidas por la puerta trasera como «caballero legislativo» en un proyecto relativo a dispositivos de adaptación al derecho comunitario en el ámbito médico. En mi opinión, veo en ello una nueva tentativa de transformar al «psicoterapeuta» en agente subsidiario del «agente distribuidor».

Esta doble figura del agente distribuidor y del psicoterapeuta legalizado debe insertarse en el panorama actual de tentativa de destrucción de la psiquiatría. En 1967, Lacan alertaba a los psiquiatras formados por el psicoanálisis partiendo de la afirmación siguiente: «Hoy en día la psiquiatría forma parte de la medicina general basándose en el hecho de que la medicina general se inserta a su vez completamente en el dinamismo farmacéutico. Ocurren, evidentemente, cosas nuevas: se obnubila, se interfiere, se modifica. Pero uno no sabe en absoluto lo que modifica ni tampoco adónde irán dichas modificaciones, ni tan siquiera el sentido que tienen».[5] Cabe resaltar el hecho de que no es el medicamento como tal el que puede destruir la psiquiatría. El medicamento es más bien un analizador del proceso en curso. Cuanto más se impongan los protocolos de «buenas prácticas», los cuestionarios que rellenar, las evaluaciones concebidas como una planificación de masa al servicio de la cual se someterían los agentes de distribución farmacéutica, más insiste esta opacidad singular que Lacan denomina la «demanda» del paciente: parte no evaluable que representa la relación que mantiene dicho paciente con el goce de su cuerpo. Es justamente en este punto de «resistencia» en el que debe mantenerse el psiquiatra formado por el

5. J. Lacan, «Petit discours aux psychiatres», *op. cit.*

psicoanálisis; el porvenir de la psiquiatría depende de ello, a condición de que dicho psiquiatra sepa sostener la gran conversación clínica con todos los practicantes honestos que quieren orientarse hacia el deseo de los clínicos —ya se trate de jóvenes psiquiatras, enfermeros psiquiátricos, psicólogos clínicos, educadores especializados, etc. Cabe destacar aquí la importancia de las Secciones Clínicas vinculadas a la École de la Cause Freudienne[6] y al Departamento de Psicoanálisis de la Université Paris VIII, cuyo éxito creciente demuestra la vivacidad de este punto de resistencia.

Por mi parte considero que los términos elegidos por Lacan para situar los efectos del medicamento psicotropo mantienen toda su pertinencia. Los avances de las neurociencias de los últimos cuarenta años no han hecho más que confirmar por defecto lo siguiente: algo obnubila, tempera o interfiere en la relación que el sujeto mantiene con el goce de su cuerpo —teniendo en cuenta que no sabemos *a priori* lo que modificamos, no conocemos el destino de esta modificación ni su significado. Aquí interviene quizás el lugar que se debe otorgar a la «medicación bajo transferencia» para esclarecer caso por caso esta modificación, su destino y su significado.

J.-A. Miller había elegido, por su parte, destacar el término de anestesia: «Los medicamentos son formas de anestésicos. No curan, pero permiten trabajar con pacientes decididos».[7] De ahí la pregunta que he elegido plantear, a partir de mi práctica de psiquiatra formada por el psicoanálisis, del medicamento bajo transferencia con pacientes poco decididos. Para ser más precisa, presentaré el caso de un sujeto poco decidido a causa de lo que llamaré un grave desfallecimiento del punto de capitón: entre el significante y el significado, entre el pensamiento y el cuerpo, entre los tres registros imaginario, simbólico y real. En este caso, el medicamento en transferencia ocupa un lugar central,

6. Nota de la edición: existen también Secciones Clínicas en otros países, entre ellos España, Italia, Argentina...

7. J.-A. Miller, citado en «Le médicament», documentos preparatorios a la Conversaciones de Secciones Clínicas, París, 2 de junio de 2000, p. 51.

a largo plazo, que podría ser considerado como un «neo-punto de capitón».

EL MEDICAMENTO COMO «NEO-PUNTO DE CAPITÓN»

A. me avisó enseguida: «el problema conmigo es: para cada angustia un medicamento», mostrándome una receta impresionante tanto por las asociaciones farmacológicas como por las posologías prescritas. No obstante, he elegido dejar de lado las reglas llamadas de «la buena prescripción» para aceptar renovar su receta proponiéndole tomarnos juntos el tiempo para encontrar la manera de reducirla. Si he decidido adoptar los contornos de su objeto medicamento, es porque me había aparecido como un real, es decir, al mismo tiempo un objeto imposible de localizar y la manifestación de un retorno de lo real de lo que estaba forcluido de lo simbólico. Esta elección inicial ha permitido orientar la cura hacia dicho real para intentar tratarlo. A. me ha detallado su ya largo recorrido farmacológico. En cada uno de los periodos de pánico incoercible, de insomnio y dolores corporales insoportables, él ha respondido visitando con una gran frecuencia a diversos médicos de cabecera, a menudo cotidianamente, con prescripción excesiva; hasta que A. se dirige a urgencias para someterse a exámenes complementarios y perfusiones, y a continuación es hospitalizado en psiquiatría, donde los psiquiatras decidían a menudo acerca de un lavado. Una vez fuera, A. retoma su circuito de visitas a médicos de cabecera. Cuando A. me habla de las diferentes prescripciones y lavados, les asocia, se lo hago ver, una «pequeña frase» atribuida por él a cada uno de sus médicos —por ejemplo: «¿Le ha hecho algo a M. X. para que le haya recetado todo eso?», «Se va a dar con una pared», «Le vendría mejor echar un casquete y fumarse un porro», «Es usted como una tarjeta electrónica, le falta el código», etc. A. considera que los medicamentos no tienen efectos sobre él, no le impiden mantenerse en pie, concentrarse, tener una buena memoria, debería de haberse muerto con todo lo que se traga. Esta idea discreta delirante de inmortalidad viene acompañada de una constatación: «No obstante, siempre tengo que pedir mis medicamentos». A. considera que es más bien el lugar médico el que alivia temporalmente su angustia. La receta consiste de alguna manera en un sucedáneo del que se puede separar. A. me facilitó las coordenadas de diferentes episodios de pánico que padeció y, una vez más, su discurso está constituido por «pequeñas frases», esta vez más familiares. «Trabajo mucho con pequeñas frases», me indica. Evocó de este modo el primer episodio, a los doce años, cuando su madre intentó recuperar su guarda y custodia tras haber sido criado por su tía y tío paternos, ya que sus padres se habían separado prácticamente desde el matrimonio y habían demostrado ser incapaces de cuidar de él. De su madre, una mujer especialmente despistada, recuerda particularmente la «pequeña frase»: «Soy tu madre, yo te cagué». En cuanto a su padre, solo recuerda que se quedaba con los subsidios del Estado. El segundo episodio que menciona ocurrió después de sus diecisiete años, cuando su abuelo paterno, ebrio, mató a su mujer. Además del pánico y el insomnio, se desencadenó una bulimia importante —«por la noche comía una tortilla cada media hora»— que le hizo engordar cuarenta kilos. La toma masiva de medicamentos tomó el relevo de la bulimia, pero entonces aparecieron insoportables molestias gástricas. De este drama, del que habla como si de un suceso se tratase, destacó dos colores, el rojo de la sangre y el negro del coche fúnebre. Estos dos colores cumplen el papel de signo para él. Guían sus pasos, determinaron la elección de su banco; son también, dice, los colores de la justicia y de la medicina. Efectivamente, además de los gabinetes médicos, inició estudios de Derecho y empezó a frecuentar de forma asidua el palacio de justicia, otro lugar en el que su angustia cede. Al mismo tiempo participa regularmente de retiros en un monasterio, tercer lugar de «calma» para él. El final de sus estudios desencadenó un nuevo episodio agudo. Posteriormente a este episodio, después de un «ciclo» farmacológico particularmente agudo, vino a consultarme, hace más de tres años. Le habían acogido en una residencia.

Nuestros encuentros le permitieron encontrar un cuarto lugar en el que puede reunir los diferentes registros hasta ahora desanudados que le permiten «seguir en pie». La recopilación paciente en las sesiones de las angustias diarias, de sus coordenadas, viene acompañada por un trabajo de escritura nocturna en el que anota muy precisamente la hora de todo lo que ha podido hacer durante el día, los «más» y los «menos». Se ha dado cuenta de que tiene dos escrituras, una que tomó de uno de sus antiguos profesores y la otra, muy pequeña, que usa cuando se encuentra mal. Tiene también regularmente lo que llama momentos de «meditación». No son voces, precisa, más bien momentos en los que las «pequeñas frases» vuelven hacia él, lo que según él cultiva su «rencor», que considera como vital, a pesar de no haber un «complot», añade, no sin ironía. Si las «pequeñas frases» familiares fueron enunciadas para «desestabilizarlo», las de los médicos tienen más bien el valor de una advertencia —a pesar de que considere «tenerle manía al cuerpo médico». Si bien las consultas con un médico de cabecera continúan, son más espaciadas, y el médico ya no está autorizado a recetarle psicofármacos. Mi receta sigue siendo importante, pero he podido, a pesar de todo, ajustarla, en particular se ha podido introducir un neuroléptico y han disminuido los ansiolíticos. Los síntomas somáticos estables siguen siendo cefaleas más o menos violentas para las cuales toma un tratamiento analgésico no desdeñable. Por último, ha encontrado una compañera en una residencia de descanso a la que le envié. Vive con esta señora con dificultades, mucho mayor que él, cuya ex profesión tiene que ver con el campo médico, en una situación material muy precaria jalonada con momentos persecutorios contra los diversos organismos sociales que son sus *partenaires*. Su vida sexual es casi ausente; no obstante, mantienen largas conversaciones nocturnas. Frente a las dificultades del día a día, la solución irónica que encontró consiste en leer una obra dedicada a las «personalidades difíciles de manejar». Se reconoció en las personalidades paranoicas, esquizoides y ansiosas. Su «paranoia» consiste por ejemplo en plantear la misma pregunta tres veces al día, en momentos diferentes, para comprobar si la respuesta será la misma o no. Relaciona su «esquizoidia» con esos momentos de «meditación» durante los cuales debe aislarse absolutamente. En cuanto a la ansiedad, considera que puede surgir de un minuto al otro «sin motivo», pero su dispositivo de escritura consigue calmarle. Para A., el medicamento es indisociable del lugar y del lazo transferencial discretamente erotomaniaco que constituye un punto fijo alrededor del cual se reúne la dispersión de su cuerpo y de la lengua, como las «pequeñas frases», y que da cierta consistencia a una imagen —llega, en efecto, en su casa, de vez en cuando, a imitar mis gestos y mímicas.

FÁRMACOS Y ECONOMÍA SUBJETIVA EN LA INFANCIA

VICTORIA VICENTE

En el momento actual, quienes atendemos, desde la orientación que nos ofrece el psicoanálisis aplicado, los malestares y los sufrimientos de los niños y adolescentes en los dispositivos de asistencia pública, no podemos ignorar el papel y la presencia cada vez mayor de los tratamientos farmacológicos.

Ya sea desde la misma presentación que realizan los padres o en el discurrir de una cura, la decisión en torno a la medicación —mantenerla, aceptarla, proponerla, frenarla— implica la responsabilidad del acto del analista respecto a esa cura. Pero no únicamente en lo privado de un tratamiento nos cabe esta responsabilidad, sino también nos implica, como acción, cuando discurrimos junto con otros, ya sean pediatras, maestros o cuidadores, sobre el papel del medicamento en la actualidad, como medio para eliminar los síntomas y donde es preciso dar a entender que no se trata de negar este recurso, sino más bien de lograr un buen uso de él teniendo en cuenta que, justamente este uso, en la economía subjetiva y libidinal, va a ser diferente para cada niño.

Si recorremos las guías de práctica clínica más difundidas y utilizadas en el campo de la infancia y de la adolescencia, por ejemplo las elaboradas sobre el TDAH, se constata que la prescripción de fármacos es la primera opción de tratamiento. A su lado, las guías de tratamiento de la depresión o de la angustia, más cautelosas, plantean la introducción del tratamiento farmacológico si entre la cuarta o la sexta visita del tratamiento psicológico no se han producido resultados satisfactorios.

Es decir, asistimos a un debate en el cual, bajo el semblante de una cierta reserva, se constata cómo, frente a este Otro exigente de la prisa, el medicamento tiene pretensiones de alcanzar la hegemonía.

Lo importante es darse cuenta de las incidencias que tiene en la clínica de la infancia que ésta se organice en función de la introducción de este objeto. Cuando el campo de los fenómenos clínicos se estructura en torno al fármaco, todos los problemas se piensan como más o como menos y la clínica que se deriva es la de un registro cuantificable.

EL «CONTINUUM» Y LO NECESARIO

De esta forma, organizar la clínica bajo el ideal del cálculo y de la adecuación a los parámetros de la enfermedad presentado en las guías, supone un corte entre lo que es la enfermedad y el enfermo. Los algoritmos sobre la buena práctica forcluyen al enfermo, a aquel que subjetiva de alguna manera la enfermedad, que la hace suya y la nombra.

Dentro de este marco podemos entender la hipermedicación sostenida durante años en los niños y aceptada en mayor o menor grado por parte de los padres. Frente a esto, nos queda preguntar qué concepción de la infancia tiene este Otro de la ciencia que deja en entredicho el mismo concepto de desarrollo evolutivo, es decir, aleja a la infancia de la idea de cortes y discontinuidades, de momentos de transición o de crisis.

Por el contrario, el movimiento actual pretende introducir, tanto del lado de las patologías como del lado de los tratamientos, la lógica del *continuum* y con ello reforzar la noción de lo crónico. Tanto es así que, en ocasiones, vemos cómo los tratamientos, más que apuntar a resolver una patología en un niño —la hiperactividad, la depresión—, apuntan a su perpetuidad y a ser asumidos con todas las consecuencias por el sujeto: podemos decir, la estabilidad del enfermo dentro de la enfermedad misma.

Sorprendentemente, frente a la fragmentación, la discontinuidad, la disipación y el cambio que se da en la vida, vemos aparecer la continuidad y la consistencia de ese objeto, que se transmuta en necesario.

Desde este ángulo podemos también enmarcar la polémica en torno a la prescripción de ISRS en Estados Unidos cuyos últimos estudios refrendan una conclusión: allí donde había mayores índices de prescripción de ISRS eran más bajas las tasas de suicidio en niños y adolescentes, calculando que si no se recetaran, habría 253 suicidios más cada año entre la población infantil y juvenil solo en Estados Unidos. El fármaco, así se instaura como necesario y supone poner contra las cuerdas a aquellos que se opongan a ello: introduciendo así un deslizamiento hacia un debate ético.

ENTRE EL IDEAL Y EL OBJETO

Aunque siempre hay que tener en cuenta que nos movemos en el eje de las relaciones entre el sujeto y el cuerpo, me parece útil para ordenar ciertos efectos de la introducción en la clínica bajo transferencia del medicamento registrar estos efectos entre los vectores del ideal y del objeto.

Del lado del ideal, es interesante comprobar cómo la industria farmacéutica parece pretender resolver el lugar fálico del niño o provocar en él efectos de castración. Es el caso de muchos niños medicados por haber sido diagnosticados de TDAH y cuyo síntoma de hiperactividad da cuenta de la captura imaginaria del niño como falo para la madre. En este sentido, es la distancia entre *i(a)* y *a (yo ideal y el objeto a)* la que se ve conmovida.

A veces, la introducción del fármaco se sitúa en la cura de un niño en el orden de una cierta interpretación del deseo del Otro, en tanto se enmarca en la línea de resolución de un enigma. En este caso, lo importante es valorar los efectos de significación que la medicación adquiere.

En otras ocasiones, la respuesta del sujeto se ubica en el registro de la demanda: es la muestra de poder del Otro, objeto de la demanda del Otro que se rechaza o se niega, etc.

Otras veces, podemos comprobar cómo el fármaco es lo que suple en lo real la precariedad actual de lo simbólico o actúa como un elemento al servicio de la represión, con efectos de control, como figura de un superyó externo que controla y vigila.

Para algunos sujetos es la posibilidad de acceder a habitar el cuerpo, a hacerse un cuerpo o incluso, más allá, le permite, bajo la premisa identificatoria de *es para todos*, reabsorber su lugar de objeto de desecho caído del Otro.

ENCONTRARSE CON EL CUERPO

Abel tiene siete años. Es derivado al servicio de salud mental desde Neurología con el diagnóstico de TDAH por el cual está en seguimiento desde los cuatro años y medicado desde hace más de un año. Las quejas desde la escuela sobre su comportamiento alterado o sus persistentes problemas académicos no han variado sustancialmente con la introducción del fármaco. La madre, con bastante angustia, no acaba de entender las cosas extrañas que le pasan a Abel ni puede proporcionarle más recursos para las dificultades de aprendizaje.

En la primera visita, el relato de la madre da cuenta de cómo el cuerpo de ese niño lleva la marca del modo en que fue recibido al nacer y revela la verdad de su inscripción en la subjetividad materna. Ella no quería más hijos. Madre de una chica adolescente, se entera del embarazo de este hijo en el séptimo mes. El desconcierto del padre y su silencio envolvieron el anuncio de este hecho. Perplejidad en una mujer que *solo estuvo dos meses embarazada*.

Fue preciso escuchar a Abel con atención en la primera entrevista para que transmitiese su sufrimiento. Él me pregunta si le puedo curar su dolor de cabeza, añadiendo a partir de aquí el relato de un fenómeno que no sabe a qué atribuir: no es que tenga mala suerte, me dirá, sino que alguien dentro de su cabeza le ordena llevar a cabo las malas acciones. Acciones que le son impuestas y que no son reconocidas como propias. A la vez, otros fenómenos aparecen en su relato, a los que no logra conceder una significación: imágenes bruscas que irrumpen ante sus ojos y que lo alteran en extremo.

Esta voz imperativa que tiene en la cabeza, le ordena: «¡Escápate!, ¡dale una patada!». Sus movimientos en exceso, su agitación, su desatención cobran entonces el valor de respuestas obligadas al imperativo del Otro.

Introducir un cambio de medicación a partir de comentar el caso con el psiquiatra produce un alivio.

En las siguientes sesiones se dedica a realizar dibujos disgregados, imágenes de cuerpos construidos con redondeles y trozos coloreados en tonos diversos.

Él tenía un perro que se murió, «yo lo tengo aquí —dice, señalándose el pecho—, todos tenemos un perro que se murió dentro, todas las cosas son de Dios». Los relatos que acompañan sus dibujos confluyen en una especie de teoría sobre las transformaciones: los animales se mueren y se vuelven falsos, pero entonces son niños y los niños tienen una varita para volver a ser aquel animal que murió. Todo va a girar en torno a esto. Atrapado en este circuito destinado a resolver el problema de cómo hacer para entrar en el cuerpo algo de la vida, «para que sean de verdad», dirá.

La medicación no es ajena a su trabajo *de integración de su cuerpo*. Así lo que Abel llama «la pastilla nueva» le ayuda a «decidir lo que quiere hacer». Movimiento que podemos entender en la línea de la recuperación del cuerpo, ser uno con su cuerpo, produciendo una distancia con el goce vociferante.

Podemos pensar que esa pastilla «nueva» propone un lazo, una alianza entre el sujeto, el cuerpo y los pensamientos. Vemos así que tanto del lado de la medicación, como regulación en lo real, como del lado de las ficciones, como regulación en lo imaginario, se apunta a recuperar algo de la vitalidad y de hacerse un cuerpo vivo.

LASTRACIÓN EN LA MANÍA

JAVIER GARMENDIA Y MARISA SANCHO

Las relaciones del sujeto con los psicofármacos se modulan de diversas formas cubriendo el siguiente espectro; unos no quieren ni oír hablar de abandonar una medicación, mientras a otros la perspectiva de tener que tomarla les produce auténtico espanto. Vivimos una época que ha sumado a sus apellidos el de medicalización; medicalización de la vida, de la existencia, del malestar. Los sujetos quieren ahora elegir su estado de ánimo, advierten ya muchos autores, entre ellos Lipovetsky[1] en su último libro, los individuos confían su suerte a la acción de sustancias químicas que modifican sus estados psicológicos «desde el exterior», sin análisis ni trabajo subjetivo.

¿Cómo podemos servirnos de los psicofármacos sin anegarnos en la medicalización? ¿Es posible armonizar el uso de fármacos y el trabajo subjetivo, que no sean excluyentes? ¿Cuándo decidimos que un paciente debe seguir una pauta médica y cuándo abandonarla? Imposible extraer conclusiones generales, en cada caso tenemos que plantearnos estas cuestiones y calibrarlas con mucha fineza. Debemos pensar el uso de la medicación en cada paciente, en el momento de la cura en que se encuentra y de qué modo la medicación prescrita le va a permitir su elaboración subjetiva. Medicar no supone «esperar del exterior» la solución, sino ayudar a encontrarla atemperando esa fenomenología devastadora que sitúa al sujeto al borde del remolino, utilizarla como el barril para evitar el descenso al Maelström, servirse de ella como la escalera de Wittgenstein. Medicar no debe suponer liberar al sujeto del

1. G. Lipovetsky, *La felicidad paradójica*, Anagrama, Barcelona, 2007, p. 51.

compromiso con su tratamiento, ni de su relación con el significante, de ser así habríamos dimitido de nuestra responsabilidad como analistas. Responsabilidad que, en determinados casos, implica saber cómo y cuándo utilizar una herramienta más en la dirección de la cura; el fármaco. Pretendemos ilustrar con un fragmento clínico este modo de utilizar la medicación en el curso del tratamiento sin declinar de lo que se espera de un psicoanálisis aplicado.

Se trata de un caso de psicosis maniaco-depresiva. En la manía, señala Lacan, se trata de la ausencia de la función de *a*, y ya no simplemente de su desconocimiento: «En ella el sujeto no tiene el lastre de ningún *a*, lo cual le entrega, sin posibilidad alguna a veces de liberarse, a la pura metonimia, infinita y lúdica, de la cadena significante».[2] Por el contrario, en la falla moral que define la fase depresiva y es el contrapunto del florecimiento maniaco, el discurso pierde su fluidez, la facultad de deslizamiento de un significante a otro, la significación se petrifica y el sujeto queda anclado a un real inerte. En la fase maníaca no contamos con lastre alguno que detenga la metonimia infinita y en la fase depresiva el lastre es excesivo y la significación queda completamente invadida por el peso del objeto real.

¿Puede el analista con su intervención hacer que este retorno no sea tan mortífero? ¿Evitar que la manía lo destruya todo? ¿Ofrecer alguna posibilidad de escapatoria a la metonimia infinita? Este caso de psicosis nos permite esbozar algunas respuestas a estos interrogantes y al mismo tiempo mostrar la incidencia de la medicación y su manejo.

El paciente tiene cuarenta años cuando acude por primera vez a la consulta. Se presenta ya con su diagnóstico y únicamente nos demanda un control sobre su medicación. Ha tenido diversos ingresos y tratamientos, pero nunca con un analista, ya que considera, y esta consideración

2. J. Lacan, *El Seminario 10. La angustia*, Paidós, Buenos Aires, 2006, p. 363. Debemos el hallazgo de este comentario de Lacan sobre la manía al excelente trabajo de Pablo Fridman y Daniel Millas «La exaltación maniaca», y que pueden encontrar en *Los inclasificables de la clínica psicoanalítica*, publicado en Buenos Aires por Paidós en 1999.

ha sido apoyada por otros profesionales, que la causa de su enfermedad no tiene nada que ver con él y por lo tanto no es quien «elige sus estados de ánimo». Sin embargo pretende, al igual que otros pacientes afectados por esta patología, evitar los periodos depresivos o los maniacos donde aparecen síntomas psicóticos, pero no los estados hipomaniacos en los que el sujeto se siente creativo, capaz de desplegar una gran actividad sin percibir agotamiento, viviendo una exaltación de los sentidos que solo encuentra límite en las censuras de su entorno, lo que provoca cierta irritación en el paciente. Por lo tanto sí hay cierta elección subjetiva, cierta preferencia por mantenerse en este estado; hay sujeto y algo tiene que ver con él.

Nuestra apuesta es, en un principio, admitir esta demanda de control sobre la medicación, a la espera de que aparezca ese algo que tiene que ver con él. Además, el paciente, en el momento de esta primera consulta, está muy deprimido, quiere morirse y se le cruzan ideas de suicidio, no es la primera vez que lo intenta. Hay un doble riesgo en estos casos; por un lado se debe evitar la consumación del suicidio y por otro, al prescribir un antidepresivo, contamos con el peligro de producir un viraje hacia la manía. En este caso, y valorando que el riesgo de quitarse la vida era alto, prescribimos un antidepresivo y mantenemos el litio que tenía pautado. Comienzan una serie de entrevistas bajo la égida del control médico, pero en las que el paciente va desplegando las vicisitudes de su historia. Relata sus diversos ingresos, sus problemas familiares y sociales, sus diferentes elecciones de vida, recuerdos de adolescencia en los que aparecen las primeras exaltaciones acompañadas de algunas revelaciones que no comparte con nadie. En el transcurso de estas entrevistas comienza a sentirse mejor, y ahora es él quien pide seguir viniendo para hablar de lo que no puede compartir con otras personas. A pesar de haber retirado ya los antidepresivos observamos que el paciente va haciendo el viraje hacia un cuadro maniaco. En esta encrucijada le recomendamos que tome un neuroléptico en dosis bajas y el paciente acepta nuestra indicación. Es importante resaltar esta aceptación, pues es frecuente que los pacientes en esta coyuntura sean muy reticentes al uso de los neurolépticos. Así, y por primera vez, se evitó su ingreso. Se pudo contener la alarma familiar y el paciente no sintió la impotencia y soledad que cada ingreso había dejado como saldo.

El establecimiento del lazo transferencial sin renunciar al uso de la medicación posibilitó que el paciente desarrollara su delirio en un contexto de escucha que no tenía la reprobación como anticipo. Despliega un delirio, en el que él tiene un papel redentor, está llamado a salvar al mundo de la ruina y miseria que lo amenaza. Frente a la falta del Nombre del Padre, el sujeto se pone en el lugar del Ideal para suplir esa falta, y de ahí su encarnación del lugar de garante del orden del universo, con este artificio el psicótico pone un límite al goce invasor creando su propia ley como suplencia a la falta de ley paterna.

El paciente, en el intento de llevar a término su misión redentora, habla de escribir un gran libro de historia, es un proyecto que hace tiempo se incuba en su cabeza; en realidad no un gran libro, sino «El libro de Historia». La idea de este Libro es deudora de «la entrega sin ninguna posibilidad de escapatoria a la metonimia infinita». En el intento por convencernos de que es necesario escribirlo comienza a traer a las sesiones su visión de la historia en fragmentos de escritura; son pequeñas ficciones históricas, son pequeños cuentos basados en hechos históricos, muy bien escritos pero que no están a la altura de su proyecto. Nos parece que aquí se abre una vía para que el objeto del deseo desempeñe su papel de limitación. Aprovechamos su conocimiento y gusto por la historia y su talento para la escritura para proponerle que escriba historias, que aparque por el momento la gran Historia, que estos relatos pueden perfectamente unificarse en un libro y tal vez ser publicados. Queremos con esta maniobra que el paciente ceda algo del goce, de ahí nuestro ¡no a La Gran Historia!, pero que su trabajo tenga un destino, léase una misión con sentido, que pueda ser leído por el Otro. Atraviesa un periodo de gran producción, consigue juntar lo mejor de sus relatos y que con el tiempo una editorial se lo publique. La publicación lo sumerge, durante algunas semanas, en un estado hipomaniaco pero no delirante al que sigue un tiempo de tristeza pero no de depresión. Por el momento el sujeto ha hallado un modo de estabilización, pero hay que tener en cuenta su fragilidad: su misión redentora no se ha cumplimentado con la publicación, su inquietud no ha desaparecido. Han transcurrido tres años desde la publicación y mantiene su escritura. Desde entonces ha pasado por muchos momentos de tristeza en los que siente que nada le une especialmente a seguir viviendo, pero vive sin grandes crisis, sin internamientos y sin un deterioro de sus relaciones. Es capaz de bromear e ironizar sobre él mismo. Sigue con muchos proyectos, «pero nos tranquiliza», él ya no puede ser el que durante tanto tiempo creyó que debía ser.

Es importante reseñar que solo a través de la transferencia y el uso adecuado de la medicación que la misma transferencia facilita ha sido posible la relación terapéutica con este paciente. El lazo transferencial permitió al paciente ser lastrado, en sus propias palabras agarrado, posibilitándole escapar de la metonimia infinita. El trabajo del paciente en análisis posibilitó que sus escritos tuvieran un sentido, encontraran un destinatario, del que espera una respuesta que ya no exija su sacrificio o su inmolación.

Como en la presentación de cualquier caso, la exposición del mismo no agota todas sus posibilidades, pero en un caso de psicosis maniaco-depresiva son muchos los interrogantes que quedan por investigar. Conscientemente hemos querido indagar más sobre los aspectos relativos a la manía y su posible estabilización. Si nos hemos decantado por mostrar el lado maniaco, no ha sido por un especial prurito teórico, ha sido por rescatar la fuerza del «a veces»; si el hecho de no estar lastrado por ningún objeto *a*, como decía Lacan, entrega al paciente a veces sin ninguna posibilidad de escapatoria a la metonimia infinita, en otras ocasiones no es así. Otras veces se le puede presentar al paciente la oportunidad de librarse de esa condena y «estas veces» irán abriendo una expectativa para el tratamiento de la psicosis maniaco-depresiva.

LA PSICOSIS: FÁRMACOS Y TRANSFERENCIA

MARGARITA AURÉ

El objetivo de este trabajo consiste en demostrar por medio de una viñeta clínica que el psicoanálisis no se opone ni rechaza una práctica en la que paralelamente pudiera utilizarse la prescripción de fármacos. Lejos de ello, en algunos casos, la dirección de la cura conduce al sujeto a un cambio de posición subjetiva, lo que le ayuda a consentir tomar psicotropos y beneficiarse de su utilidad, mientras que antes del análisis dicho sujeto los hubiera rehusado tenazmente. En otros casos, por ejemplo, el fármaco permite al sujeto psicótico reintroducirse en el dispositivo de lenguaje que ofrece el psicoanálisis para proseguir el trabajo de elaboración, anudamiento.

Lacan nunca desaprobó el saber de la ciencia ni el saber en lo real, pero siempre opuso a ello la sexualidad, en tanto que «agujero en ese saber». En 1964, Lacan otorgó una plaza particularmente importante al psicoanálisis aplicado a la terapéutica y a la clínica médica, en el «Acto de fundación» de su escuela, excluyendo toda forma de conformismo preconcebido. Más tarde, sin embargo, alertó a los psiquiatras para no dejarse «obnubilar»[1] por el dinamismo farmacéutico. El fármaco, tal como señala J.-A. Miller, no cura, pero recurrir a él puede «permitir el trabajo de análisis a sujetos decididos».[2]

Un joven psicótico de veinticinco años al que llamaré Pierre, vino a

1. J. Lacan, «Petit discours aux psychiatres», 1967, inédito.

2. J.-A. Miller, citado en entrevista de M.-E. Gilio en «Le médicament», documentos preparatorios de la Conversación de Secciones Clínicas, París, 2 de junio de 2000, p. 51.

consultarme varios meses después de haber realizado dos tentativas de suicidio. Tras cada tentativa, Pierre se había dirigido al psicólogo del dispensario de su sector, quien le señalaba la necesidad de tomar fármacos. Su rechazo era tal, que Pierre suspendía las entrevistas, provocando la imposibilidad de un inicio de tratamiento. Fue consecutivamente a esas cortas experiencias cuando el sujeto decidió consultar a un psicoanalista.

En la primera sesión, aparecían elementos paranoicos y melancólicos con marcado riesgo de paso al acto; sin embargo, el analista, si bien insistió en la utilidad de los fármacos, invitó a seguir hablando, evitando así la interrupción del tratamiento. Frente a la angustia que puede provocar el sujeto psicótico en quien lo escucha, Lacan propone una «respuesta ética» más allá de la deontología farmacocinética. Es una respuesta en la que el analista, teniendo en cuenta la significación de la demanda del sujeto, introduce «la estructura de la falla que existe entre la demanda y el deseo».[3] Pierre pedía ayuda para «poder seguir viviendo». La dimensión ética, nos enseña Lacan, supone atender el goce del cuerpo, desconocido al sujeto.

Pierre se autorreprochaba estar vacío, sin carácter, sin personalidad. Decía no tener ideas propias, ser un «copión», sin deseo ni pasión. La disolución de la imagen idealizada del sujeto, *i(a),* le llevaba a decir de sí mismo que era una escoria, lleno de miedos, y el sadismo de su superyó le obligaba a no pedir ayuda a nadie. Venir a hablar a un analista le parecía despreciable. La idea del suicidio apareció un tiempo antes, ya que sentía una angustia insoportable al estar en un grupo, y se autorreprochaba no haber tenido aún relaciones sexuales. Había planeado tirarse con su coche por los acantilados de la costa de Normandía, pero la idea delirante de un «eterno castigo divino» le había detenido. Un imperativo superyoico se le impuso: «Debería saber encontrarse mejor y ser normal teniendo relaciones sexuales con una chica», lo que hizo más tarde. Así, si se suicidaba, una «lamentación eterna» se prolongaría sobre su alma. Sin embargo, este castigo eterno no le impidió que varios meses después pasara al acto tomando diez éxtasis, sorprendiéndose al

3. Lacan, Jacques, «La place de la Psychanalyse dans la Médecine», 1966, inédito.

despertarse. No era la primera vez, ya que a los quince años había utilizado veneno para ratas para «eliminarse» acusándose del aspecto frágil de su cuerpo, que le hacía sentirse completamente «ridículo» delante de sus camaradas de clase.

Durante el primer periodo de análisis Pierre me hablaba de su relación paranoica con el Otro. Las ideas de autorreferencia invadían su mundo subjetivo. La mirada se le presentaba de una manera persecutoria: tenía la impresión de que le miraban en cualquier lugar, que se reían y hablaban de él. Demasiado rubio, demasiado delgado, demasiado frágil, la mirada insultante del Otro le devolvía un aspecto femenino que le humillaba. Se encontraba despojado de toda masculinidad. Pierre vivía en la angustia y el miedo de ser agredido por los otros.

La posición del analista por medio de sus intervenciones consistió en medrar la consistencia del Otro, haciendo posible una transferencia en la confianza, pero para ello se tuvo que tratar en un principio de producir una recomposición imaginaria del propio cuerpo del sujeto. La delirante distorsión imaginaria de un cuerpo feminizado tenía como consecuencia, entre otros fenómenos, el fuerte rechazo a la toma de medicación, ya que ésta producía angustiosos efectos de castración y de feminización. Desprovisto de la envoltura idealizada de su imagen, Pierre se había sostenido, hasta entonces, por medio de «dobles» imaginarios, sus amigos y su hermano. Por eso, decía al principio de la cura no ser nadie, ser un «copión», hablar como su amigo, bailar como su amigo, vestirse como su amigo. Las coordenadas del desencadenamiento de la psicosis se sitúan alrededor del momento en que su hermano mayor se independizó.

La dirección de la cura condujo al sujeto a un discurso que le apartaba de la queja, la lamentación y el autorreproche al mismo tiempo que Pierre exploraba diferentes maneras de separarse del otro perseguidor sin recurrir al suicidio. El sujeto revisó varios fenómenos elementales acaecidos en la adolescencia que apuntaban al objeto pulsional de la mirada y al núcleo de su psicosis: el recuerdo de atravesar el patio del colegio bajo la mirada de todos sintiéndose en ese momento desdoblado, mirándose desde el exterior, «viéndose andar ridículamente en el centro»; la experiencia de sentirse «un elemento mineral de la decoración», durante una reunión de camaradas del colegio en la que no sabía qué decir. En la psicosis, el deseo del Otro se torna perseguidor y el sujeto, ante el desanudamiento de lo imaginario y lo simbólico, se precipita como puro objeto quedando afectado por fenómenos que producen efectos de goce pétreo en el cuerpo.

La idea delirante del castigo y la lamentación eterna que evitó el paso al acto suicida encontró su origen en el reverso de un fenómeno elemental de su infancia. Cuando Pierre tenía siete años y los otros niños comenzaban a reírse de sus cabellos rubios. Él se refugiaba en la idea de ser «El hijo del dios sol», el único que podía sostener la mirada del sol sin quemarse los ojos. Esta exaltación megalómana de una virilidad sin devenir, es el bosquejo de su posterior delirio parcial.

Pierre trabaja en el campo audiovisual y durante la cura intensificó el interés por su trabajo, en el que la mirada como objeto de la pulsión, es convocada constantemente. La mirada persecutoria comenzó a perder fuerza y el sujeto cedió en su certeza delirante: «Ya sé que son paranoias mías, pero no puedo impedir vivir angustiado». Es en este punto de la transferencia, en el que el Otro perseguidor empieza a perder consistencia, cuando el analista pudo introducir el interés de servirse de los fármacos que podían aliviarle de la angustia.

Se trata de tener en cuenta el real imposible de ser tratado por el psicoanálisis, pero también el real imposible de ser tratado por la voluntad o por los psicotropos, en una palabra, en señalar al sujeto, como subraya É. Laurent, «la barra sobre el gran Otro»,[4] sirviéndose en esta ocasión de los medicamentos. De esta manera, la ferocidad del superyó resulta también mermada y el sujeto consiente en ser ayudado sin sentirse humillado. Esta operación se asienta necesariamente sobre la restauración fálica de la virilidad del sujeto, que permite en ese punto la nueva recomposición imaginaria del propio cuerpo y de su delirante imagen femenina.

4. É. Laurent, «Comment avaler la pilule?» *Ornicar?*, n° 50, Seuil, París, 2003, p. 73.

Pierre se reintroduce a continuación en el circuito de la elaboración significante relativamente desangustiado por la ayuda de los fármacos. La cuestión es permitir al sujeto mantenerse en el orden de la palabra evitando por supuesto efectos de significación, ya que no se trata de dar sentido, sino de llegar a desprender una identificación que le estabilice.

Lacan, en 1966, advierte al médico del peligro de tomar una posición de mero «agente distribuidor»[5] de fármacos, anticipando la presión actual de los programas sanitarios y de la industria farmacéutica. El psicoanálisis no desaprueba la utilización de los medicamentos, sino que, lejos de ello, como nos enseña É. Laurent «puede hacerse de la potente contingencia del medicamento un auxiliar de la *apalabra*».[6]

5. Lacan, Jacques, «La place de la Psychanalyse dans la Médecine», 1966, inédito.

6. É. Laurent, «Comment avaler la pilule?», *Ornicar?,* n° 50, Seuil, París, 2003, p. 73.

LA PRESCRIPCIÓN DEL MEDICAMENTO Y SU RELACIÓN CON EL ACTO ANALÍTICO*

HILARIO CID VIVAS

Me interesa tratar aquí la consideración del medicamento en tanto incide en el curso de un análisis, incluso en la posibilidad del mismo. Aunque el medicamento —ansiolítico, antidepresivo, antipsicótico, etc.— en la mayoría de los casos es utilizado por el analizante en su tratamiento psicoanalítico de modo que su incidencia en él es nula o insignificante, hay casos donde puede de una u otra manera pasar al primer plano en el curso de una cura.

Recurriré a dos viñetas clínicas tomadas de la práctica para ilustrar otras tantas vicisitudes del acto analítico en relación con la prescripción de medicamentos.

El primer caso se trata de un adolescente de catorce años que una joven principiante viene a supervisar. Acude a la analista enviado por la tutora del instituto debido a los «problemas de conducta», que, de persistir, auguran para el chico un negro porvenir. Se ha unido a la peor pandilla. Las gamberradas, los actos violentos e incluso delictivos son señas de identidad del grupo. Sin embargo, la tutora aprecia en él «un fondo» diferente al de sus compañeros de fechorías.

Los padres ya no pueden con él. Va a suspender todas las asignaturas. Pero lo peor es su actitud desafiante, el incumplimiento de toda norma, y esas amistades que lo van a llevar al correccional.

Él no quiere tratamiento alguno, no necesita ayuda y además eso del psicoanálisis es una «payasada para pirados». Va a aceptar, presionado por los padres, asistir a algunas entrevistas y ya decidirá él. En otras

* Texto publicado en francés en la revista *Mental*, nº 19.

palabras, va a hacer una evaluación de lo que le imponen y su decisión se adecuará al resultado que él dé a su evaluación. Al menos consiente en eso.

Primero el hecho de que la joven analista llevaba las zapatillas deportivas de su marca preferida y después el enterarse casualmente que ella no solo practicaba snowboard, sino que era una consumada snowboardista, le impresionaron tanto que decidió seguir a ver qué pasaba. La instalación del sujeto supuesto saber es algo a la medida de cada cual.

En el despliegue de la cura, este chico va a aislar el hecho traumático que marca su historia. Con diez años, un compañero de colegio que era el líder de la clase, y del cual se consideraba amigo, le pega delante de los demás una brutal paliza. Tal humillación hace que no pueda volver a clase y los padres tienen que buscarle otro colegio. Un cambio subjetivo se produce en él. Jamás volverá a sufrir otra humillación, si hay alguna paliza no será él quien la sufra. Se une a los más pendencieros y él será un «matoncillo» más. El goce sadomasoquista es el referente de lo que llamarán su trastorno de la conducta.

Acudir a sus sesiones y vislumbrar el filo mortífero de sus hazañas, no le hace desistir de ellas. Es cierto que dulcifica la relación con sus padres, e incluso se atreve a aprobar alguna asignatura. Un hecho va a marcar un hito importante en el tratamiento. Se escapa un día de clase con dos compañeros. Van al Club Náutico del que es socio y roban una cartera de una bolsa de deportes. Las cámaras de seguridad captan la escena. Es expulsado del club y la persona a la cual han robado los va a denunciar. Los padres intervienen y suplican en el club y ante quien sufrió el robo. Se le dará una oportunidad, pero con la condición de pasar por los psicólogos del Tribunal de Menores. Aceptan. La entrevista no tiene desperdicio. Unos minutos con el chico, más la visión de la cinta con la escena del robo, le bastan a la psicóloga para confirmar el diagnóstico. Informa a los padres de que su hijo es claramente un hiperactivo. La adolescencia está suponiendo un reto demasiado duro para él. Le están exigiendo al niño algo que no puede dar porque tiene un déficit. Es absolutamente necesario que lo lleven a un neurólogo y que le receten metilfenidato. «Su hijo puede llegar a ser muy peligroso y solo el metilfenidato puede evitarlo». Puede parecer cómico, pero es una tragedia encontrarse ante gente como esta psicóloga.

Además el diagnóstico y el tratamiento concordaban con el que hace dos años dio un psiquiatra. El padre estaba de acuerdo: por fin se acabarían los problemas. La madre dudaba. En esta tesitura es donde se produce la supervisión, pues la joven analista había decidido recomendar que no entrara «en el circuito del metilfenidato» y que debía de afrontar las consecuencias y responsabilizarse de sus actos, cosa con lo cual estaba de acuerdo el chico. Me pareció que eso era lo que tenía que hacer un analista en este caso y así se lo dije.

No fue fácil para la analista principiante soportar las consecuencias de su acto, porque lógicamente el chico seguía haciendo de las suyas. Pero a partir de ahí pudo seguir trabajando y, según sé, ahora, un año después, el chico no solo no ha entrado «en el circuito infernal del metilfenidato», sino que va asumiendo que de su goce también es responsable, lo cual le deja un margen para poder vivirlo de otra manera.

El segundo caso es el de un joven emigrante, con estudios universitarios, tratado en el Centro de Psicoanálisis de Consulta y Tratamiento (CPCT) de Málaga. Acude tras la insistencia de sus amigos. Se ha abierto en Málaga un centro psicoanalítico gratuito y él puede beneficiarse de una terapia psicoanalítica. Sus amigos saben de eso, pues casi todos están en análisis.

Cuenta a la analista que lo recibe que hace unos años estuvo internado en una clínica en su país un par de semanas y fue diagnosticado de esquizofrenia paranoide. Actualmente tiene un trabajo precario, pero con él y la ayuda que recibe de una fundación andaluza, va tirando.

Siempre soñó con encontrar un medicamento que curase su enfermedad. Y lo encontró cuando vino a España. Se llama Zyprexa®, y desde que lo toma está bien.

¿Entonces para qué un análisis?, le pregunta la analista. Pues porque sus amigos le dicen que le irá bien para su angustia, porque tiene una «mala sombra», una sombra inquietante que siempre le acompaña, pero que con Zyprexa® consigue mantener a cierta distancia. Además hace unos meses ha leído unos folletos de un grupo psicoanalítico que hablaba del psicoanálisis, de los significantes y de los símbolos y le resultó muy interesante, porque se podía poner en relación, dice, un semáforo con la pérdida, la asunción de la pérdida, con la poesía del cuerpo... La analista se da cuenta del peligro de una descompensación si se va por ese camino de deriva significante, así que decide preguntarle qué pensaba él, independientemente de sus amigos, sobre la necesidad o no de un psicoanálisis.

Él creía que para el psicoanálisis la cuestión del pasado era importante y él sabe que en su pasado ocurrió algo de lo que no quiere saber nada más, que si se pudiese hacer un psicoanálisis del futuro, quizá, pero sabe que eso no es posible. «Si le doy mi opinión sincera —dice—, pienso que no necesito un psicoanálisis». «Sí —responde la analista—, yo también pienso que lo que usted necesita es Zyprexa® y no un psicoanálisis».

Este paciente se mostró sumamente agradecido de que le confirmaran lo que había ido a pedir a un psicoanalista. A modo de confidencia se despidió diciendo: «Es que estoy enamorado de Zyprexa®, ¿sabe usted?».

La analista supo darse cuenta de que, independientemente del efecto biológico del medicamento, éste actuaba para él como un real en el sentido de Lacan,[1] anudando, ya sea precariamente, los registros simbólicos e imaginarios. Que si este paciente consultaba a un psicoanalista, era para que el discurso analítico le confirmara lo adecuado de su solución. El psicoanálisis no tenía que ofrecer nada mejor que lo que él había conseguido. Pero el psicoanálisis será a partir de ahora una buena referencia para este sujeto.

Porque lo que más nos interesa a los psicoanalistas de los medicamentos es cómo actúan dentro del discurso analítico.

1. Queremos referirnos aquí a la noción de real tal como la presenta Jacques-Alain Miller en su Curso «La orientación lacaniana» del 6 de diciembre de 2006 (inédito).

PARA RETOMAR LA PALABRA

IÑAKI VIAR

Cuando se presentó G. en la consulta casi no podía hablar. Le acompañaba un familiar que le había aconsejado venir a verme. Se trata de un hombre joven que se explica con mucha dificultad de forma entrecortada, al parecer por la ansiedad, que le impide expresarse normalmente. Lleva varios días sin dormir, apenas come, se pasa el día andando por la calle, horas y horas, y fumando sin parar, pese a no ser fumador habitual. Ha dejado de acudir a su trabajo. No habla con nadie, salvo algún familiar. Manifiesta que está angustiado y que no sabe qué hacer. El familiar que le acompaña dice que no consiguen calmarlo y no saben cómo ayudarlo, que le han tramitado la baja laboral porque G. no la había solicitado. Que es muy difícil hablar con él porque está ensimismado y no muestra interés por nada. Pero que le han convencido para que visitara a un psiquiatra, que le ha mandado medicación y le ha dicho que vuelva dentro de quince días. G. ha leído el prospecto y ha visto que era una medicación indicada para enfermos de psicosis, se ha angustiado aún más y no ha querido tomarla. Los familiares han pensado que no podían dejarlo así y lo han traído a mi consulta.

G. dice que no quiere tomar esa medicación, que no está loco. A lo largo de la entrevista va relatando lo que le ha ocurrido. El problema ha surgido de su trabajo. En su clase, con sus alumnos. G. es filólogo y da clase en lenguas extranjeras. Tiene una gran experiencia como profesor de niños y jóvenes de instituto. Tras una larga estancia becado en un país extranjero, este curso comenzó a dar clase en una escuela de adultos. Las cosas empezaron a ir mal. G. es un profesor vocacional que se prepara concienzudamente las clases y que siempre ha encontrado satisfacción y reconocimiento en su trabajo. Pero, según cuenta, un grupo de alumnos comenzó a comportarse inadecuadamente con él en sus clases. Cuestionaban sus métodos pedagógicos, mantenían actitudes de creciente menosprecio hacia su trabajo, llegando a la burla en alguna ocasión. No era toda la clase, pero sí un grupo de media docena. Cuanto más se esforzaba por explicar y tratar de contentarles peor iban las cosas. Se fue sintiendo cada vez más angustiado, empezó a no dormir; finalmente su angustia en clase, por el temor hacia ese grupo, fue tan grande que no pudo ir más a la escuela y se abrió la crisis que vive actualmente. Lo que se pregunta angustiado es por qué actuaron así con él, no encuentra una explicación, pues él se esforzaba todo lo que podía. Teme encontrarse a esos alumnos en cualquier lugar, a veces cree ver a alguno por la calle y le entran temblores y sudor frío y huye rápidamente para no ser visto; incluso aunque se haya dado cuenta de que se ha equivocado y de que no eran sus alumnos.

Nunca le había ocurrido algo así. También es la primera vez que es profesor de adultos. Había dado clases a alumnos conflictivos de dieciséis y diecisiete años y había sido capaz de dirigir la clase y mantener su autoridad. Pero esta vez le cuestionaban cosas absurdas y él trataba de justificarse, hasta que no pudo más. Sentía que hacían escarnio de su trabajo y de su autoridad como profesor.

Pero ahora está inquieto por todo. Evita hablar con la gente y rehuye todo trato. Está en casa de unos familiares, con los que reside temporalmente, ya que él ha venido recientemente a esta ciudad, y no disponía de domicilio propio. Los familiares están tratando de ayudarlo, pero le preocupa mucho molestarlos.

Cuando le propongo que venga a hablar de lo que le pasa se plantea la duda de qué hacer. Me dice que no quiere que se enfade el psiquiatra que le ha dado la medicación, que le ha tratado muy bien. Mantiene una vacilación que no resuelve. Entonces le propongo que no tome esa medicación que le inquieta y que lo trataré yo. Que le daré otra medicación que lo ayude a calmarse. Y que puede ir a su próxima cita con el psiquiatra a explicarle lo ocurrido y despedirse. Le parece bien y vendrá a una próxima cita. Le receté un ansiolítico a dosis moderadas.

En adelante vendrá regularmente sin faltar a las sesiones. Se tranquilizó en seguida y pudo hablar de su vida. Hijo de exiliados, nació en un país extranjero y allí se educó. Sus estudios universitarios los realizó ya aquí. Recuerda una infancia feliz, le gustaba mucho estar con su padre y trataba siempre de agradarle. Ya tenía más de veinte años cuando vivió una situación para él muy dolorosa de conflicto familiar. Su padre tenía otra mujer y a G. le parecía algo indigno que su padre se mostrara en público con ella y que su madre no supiera nada. Un día le afeó esa conducta a su padre y tuvieron una confrontación durísima en la que se llegaron a golpear. Desde entonces no se habla con su padre. Éste se fue de casa y se casó con la otra mujer. Se queja también de que su madre a veces lo agobia con sus demandas. G. siempre ha sido muy servicial. Atendió en todo a su abuelo cuando se quedó impedido. Se preocupa mucho por familiares y amigos. Muestra sentirse siempre responsable de los demás, muy preocupado por no molestarlos. Es éste un rasgo muy evidente en su decir.

Lo que le interesa es la literatura, las lenguas y, en general, la cultura y la historia. Desde que se licenció ha trabajado como docente, que es lo que le gusta. Hace un par de años solicitó una beca para trabajar en un país extranjero y se la concedieron. En su estancia en ese país empezó una relación con una mujer y, tiempo después, comenzaron a convivir. Acabado el curso no quiso prorrogar su estancia y se volvió. Poco después, ya aquí, empezó el trabajo en la escuela en que surgió el conflicto comentado. Aún no sabe explicarse por qué se fue y abandonó a aquella mujer, a la que dice que quería. Cree que tuvo algún temor a continuar, que no se imaginaba vivir para siempre en aquel pequeño país. Refiere que la mujer era de color y que su relación creaba suspicacias tanto entre los blancos como entre los negros. Lo notaba en el trato social. Sigue comunicándose con ella por Internet y habla de ella con amor, sigue siéndole fiel, según dice. A veces comenta que quizás ella venga aquí. Piensa que es una cuestión no resuelta para él.

Han pasado ocho meses, han ido desapareciendo sus temores y ha aceptado una oferta para trabajar en un instituto con jóvenes y niños. Está muy contento estas primeras semanas: da clases, se ocupa de tutorías y se muestra muy satisfecho de sus nuevos compañeros y de sus alumnos.

Hace un tiempo me preguntó si podría dejar las pastillas, aunque le daba algo de miedo. Le contesté que las suprimiera. Así lo hizo sin problemas.

En G. hemos visto muy marcado su rasgo de atadura a la demanda del Otro, incluso su acto de enfrentamiento al padre lleva la marca del sometimiento a la demanda de la madre. El abandono de la mujer, en lo que él mismo reconoce su cobardía, ha repercutido de algún modo en su estrategia de hacer transitar la pulsión hasta el Ideal.

Posteriormente, en el mal encuentro de G. con los alumnos adultos de su escuela, no encontró otra respuesta que redoblar los esfuerzos para satisfacer lo que él suponía una demanda. Acrecentó su empeño, de por sí siempre grande, por agradar a los otros creyendo así que podría sostenerse en el Otro. No pudo elaborar un sentido que tematizara la angustia emergente. Tras ese sinsentido surgió lo real. Se quebró su posición y el objeto como real desbordó sus marcos fantasmáticos: emergió como un horror ante la mirada de sus alumnos. Solo pudo huir, lo que llevaba haciendo varios días hasta que vino a la consulta.

El encuentro con el psiquiatra que le recetó el neuroléptico le angustió aún más, pues aparece como un garante del Otro, pero en vez de un lugar para el sujeto le reenvía a otro horror: estás loco.

El encuentro con un analista le propicia otra experiencia de la transferencia que, más allá de su deseo de saber, de su búsqueda de una revelación del sentido de lo que le ocurre —lo que tratará más tarde—, le sitúa ante una maniobra de la transferencia que le ofrece hacerse cargo de lo real en juego, en forma de horror del sinsentido (miradas de alumnos y pastillas para locos), a cambio de una propuesta de retomar la palabra.

LA CHICA ZYPREXA®

JOSÉ EIRAS

El caso que se presenta a continuación muestra los efectos beneficiosos del trabajo delirante en un sujeto en tratamiento psicoanalítico, un sujeto que además usa, según criterios particulares, un medicamento neuroléptico. Ese uso particular no sigue las pautas que recomienda la psicofarmacología, sino las que determinan el propio rigor del psicótico.

De forma general se pueden señalar tres características respecto a la función de los neurolépticos:

1. Cuando el empleo de estos medicamentos se enmarca dentro del tratamiento psicoanalítico, principalmente deben favorecer que el paciente pueda hablar y relacionarse mínimamente.
2. Los efectos de los neurolépticos, sean los que sean, apuntan siempre a la angustia. Son medicamentos que producen una reducción de los niveles de angustia, razón por la que hace unas décadas se les llamaba tranquilizantes mayores.
3. En relación con los efectos de los neurolépticos en los distintos polos de la psicosis o tipos clínicos, se puede afirmar que su eficacia es mayor cuanto más grande sea la atomización o disgregación que introduce el brote psicótico, es decir, en aquellos casos en que la psicosis principia con una xenopatía del lenguaje y del cuerpo. Por el contrario, siempre que exista un axioma delirante o fórmula del delirio (como en la paranoia y en las formas delirantes de la melancolía), los efectos de los mal llamados antipsicóticos son muchísimo menores.

Todos estos planteamientos generales se confirman en este caso particular.

RECONSTRUCCIÓN DE LA PSICOSIS[1]

«¿Por qué me volví loco?». «¿Qué fue lo que me hizo delirar?». Fueron necesarios varios años de análisis para que estas preguntas pudiesen ser formuladas, lo que le permitió a este paciente reordenar sus experiencias psicóticas y recordar con precisión las diferentes etapas.

Durante todos estos años la pauta de la toma de medicación fue siempre la misma: algún signo que los otros podían leer, conductas extravagantes, particularmente su peculiar forma de vestir, alertaban a la familia, que le pedía que volviese a tomar la medicación, cosa que hacía durante algunos días, hasta que la tentación de delirar se apaciguaba. «Tentación de delirar» es el término preciso usado por el paciente para medir la relación subjetiva con su delirio.

1. *Desencadenamiento*

Lo que más le costaba localizar era el principio del delirio. Por eso en un intento de ordenar lo que le sucedía decía: «Creo que la infancia debe ser tratada en otro capítulo. Si algo me pasó a los dieciocho años, creo correcto analizar desde los dieciséis. Ese verano estuve en un camping con el único propósito de beber, fumar porros, charlar, salir y tomar tripis. El desfase del sueño y la cantidad de droga tomada me llevó a hablar con las gaviotas, a ver las nubes como personajes de dibujos cuyas misiones eran soplar y limpiar el ambiente cargado del día anterior. Durante el curso siguiente, en los recreos fumábamos siempre. De hecho, era tal la ceremonia que le dábamos, que el día después de los exámenes

1. El caso está redactado fundamentalmente en primera persona a partir de las notas tomadas después de las sesiones y de algunas notas manuscritas del paciente.

de evaluación nos quedábamos toda la tarde en el monte a fumar hasta que era de noche. Mi sentimiento era de ser un ser especial».

Un viaje con sus padres se sitúa en la coyuntura del desencadenamiento: «Llegó Semana Santa. El viaje a Londres con mi familia fue un caos. La emoción, el nerviosismo y el protagonismo despertaron la sensación de triunfalismo y autoconfianza que me llevó a empezar a creerme mis historias fantásticas».

Durante ese viaje empezaron los primeros fenómenos psicóticos: en el avión comenzó a ver las primeras cosas raras. Las formas que empezaron a coger las nubes le hicieron ver figuras que en su mente se tradujeron como «almas ardiendo en el infierno». Se iniciaron los pensamientos de que él debía de ser un ser especial y de que Dios le había «tocado de algún modo»: «Dios me mostraba lo que él veía desde su Cielo: almas ardiendo en un infierno llamado Tierra en el que todos ardíamos por el agobio de la necesidad de trabajar, por la esclavitud y la batalla por nuestra supervivencia». Todo el viaje tuvo sueños raros y las noches eran mezclas de realidad y de sueño. Se despertaba hecho polvo y muy confuso, pero no recuerda qué soñaba.

Un día se gestó el delirio. Las frases malintencionadas de un amigo: «Puto mamarracho que hacía de la convivencia rivalidad, veneno y competición» marcaron el inicio y de este modo sus pensamientos se «reflejaban en la autoridad del amigo». En relación con este amigo dirá que lo maltrató psicológicamente haciendo que su criterio siempre pareciese equivocado y que ante cualquier duda se creyese tonto o manco. Recuerda cómo cada pensamiento que se apartaba de sus normas se convertía en una lucha en silencio.

Describe así la espiral en la que entró: «Mi estado de alucinación creó una espiral en la que comenzó a crecer mi pensamiento guardando más y más datos hasta que no pudo soportarlos con cordura. Era mi padre y me estaba traicionando. Me encontré a Dios y apareció. Me aluciné y me creí especial».

2. *El brote*

Relata el «brote» con suma claridad y en ese relato se aprecian bien los fenómenos en el cuerpo y los trastornos del lenguaje:

> Yo me sentía diferente. Mi sentimiento de diferenciación con el resto siguió creciendo y empecé a comerme las uñas, hasta que me comí los dedos, los antebrazos, los codos... y me metí yo dentro de mí mismo. Me puse gorra... Yo era la gorra. Yo era el de la gorra. «Cíclope», me llamaban de vez en cuando. Me sentí identificado con el poder de poder mirar con un solo ojo.
>
> Conseguí arreglármelas para que todo el mundo me tuviese respeto en el autobús. Nadie se sentaba al lado del chico mayor del grupo de música, los cascos, la gorra y que guardaba su sitio a la chica que se subía en las Camelias... mi dama. Mi dama de las Camelias. El curso fue pasando y me gustaba verla subir y meternos con los compañeros del bus y escuchar el programa de radio que ponían mientras hacíamos comentarios breves pero que a mí me parecían el significado de innumerables sentimientos.
>
> Me convertí en una máquina de captar señales ocultas. Hasta las ranas saltaban como en una coreografía para decirme cosas que los días no me decían. No entendía nada. Sentía fiebre.
>
> De repente, ¡la que saltó fue la liebre...! y vi una ventanita que se abría cuando ella me dijo que había un programa de radio que estaba muy bien y que la gente mandaba una canción y su dedicatoria.
>
> ... Tenemos una carta que nos llega desde otra ciudad. La carta la escribe María, y dice que se la quiere dedicar a Rocky, su perro, al que quiere mucho y que es quien está siempre ahí. La carta dice lo siguiente: Eh tú que estás ahí, comparte tu alegría...
>
> Mi corazón dio un vuelco. Sentía que una espina de oro se me estaba clavando y vi cómo todo encajaba tal y como yo lo había soñado. Era ella. Ella era Ella. La quería abrazar hasta la muerte y dar mi vida por ella... entregarme cien por cien. Del brote salió una camelia. Ella era para mí la dama de las Camelias.

La experiencia fue sin retorno: «Mi vida cambió en ese momento. Nunca supe lo que pasó realmente, pero ésa fue la historia de la chica del brote».

En ese momento fue preciso un ingreso hospitalario durante unos días en una institución psiquiátrica, en donde comenzó a tomar medicación. Dirá que en ese momento las pastillas le permitieron salir del caos.

3. *El delirio*

La construcción delirante no estuvo exenta de la vertiente megalomaníaca:

> Toda la vida escuchando lo inteligente que soy, el diamante en bruto... busqué a esa persona, busqué a mi alma gemela y tras encontrar a varias me gustó mucho la idea de que mi alma gemela era Dios. Realmente, ¿qué otra alma más gemela que aquel que conoce todo de ti y que diseñó tu molde? Tanto me gustó que decidí declararme Dios hasta que se demuestre lo contrario.

El primer recuerdo que tenía de Dios era el crucifijo que tenía su madre. Recordaba que le produjo un gran impacto porque en la Guerra Civil le habían cortado los brazos para poder esconderlo en un cajón. «Todo esto me lleva a pensar que el crucifijo que tiene mi madre soy yo. Un dios con las manos cortadas», dirá.

El delirio, para él, era la mezcla de dos realidades mediante la ironía. Estaba interesado en analizar qué es lo que faltaba en su interior en el momento en que aparecían las «ganas de delirar».

4. *El segundo brote*

En el momento en que viene a la consulta ya habían pasado dos años y se negaba a tomar medicación. Iba vestido con una sudadera color naranja con capucha. Lo acompañaba su madre, quien me informó del brote que había tenido hacía dos años y de que desde entonces había estado tomando Olanzapina (Zyprexa®), medicación antipsicótica. Había estado viendo a un analista durante esos dos años, pero había abandonado las entrevistas hacía unos meses. Él permaneció callado, pero aceptó volver a verme al día siguiente y sin reticencias me dijo: «Estoy al borde del abismo, es como si estuviera al borde del cañón del Colorado».

La sudadera color naranja con capucha fue, durante los primeros años de su psicosis, el signo que le permitía leer a su familia que el paciente había dejado de tomar la medicación y volvía a delirar. Solamente cuando alguien le advertía de su particular forma de vestirse, él se daba cuenta de que el delirio había vuelto al primer plano en su pensamiento. Tomaba entonces durante algunos días «unas dosis» de Zyprexa® y así reanudaba sus habituales actividades.

5. *La otra mujer*

Inició una búsqueda de curación que incluía de una forma particular al fármaco. Decía que estaba tratando de encontrar algo y rellenar un vacío y añadía: «Busco a una chica que me cure. Busco a la chica Zyprexa®».

En este momento encuentra a una mujer que va a ser trascendental en su vida. Esta mujer encarnará a «La chica Zyprexa®».

Acerca de esa chica dirá:

> Me enamoré de una guarra y no solo eso, sino creyéndome que era la Virgen. Creo que mi problema no es María y quiero llamarle «María» a otra cosa, que es realmente lo que debo descubrir. Me duele que me hizo dudar de mis percepciones, su manera de pensar y de actuar eran diferentes a las mías. Entonces tuve que tragar que ella para mí ligaba con todos. Lo más fácil hubiese sido no atarse a ella y pasar de todo, pero tenía mi polla. Estaba bloqueado porque ella se adueñó de mi polla y me hacía el camino muy difícil con su inestabilidad y sus excentricidades. En el fondo perderla a ella era perder el brote y la sensación de que iba a perder el brote me

hacía querer retenerla como si fuese la única cosa que tiene sentido en la vida.

La función de la relación con esta chica tiene varias caras y se va despejando su función en la estabilización de la psicosis de este muchacho. Así, en relación con lo que él llama su «brote» y María dirá:

> El brote comenzó a trasladarse a María. Un día, en la playa, mientras paseaba con mi Madre, mi hermano, Dios, la muerte, extraterrestres y demás, María me mandó un SMS en el que me decía que le desconcertaban mucho mis comentarios surrealistas. Yo le dije que si quería podía ser serio, y a partir de ahí comencé a dejar de delirar. Me siento un poco perplejo. Es interesante saberme diferente al resto en el sentido de que no me llega lo que hay a mi alrededor y necesito inventar constantemente. El delirio fue como una niebla constante que despistó mis pensamientos, haciendo preguntas a las que yo no supe simplemente no contestar. Pero no dejo de analizar por qué María simboliza el delirio. Según mis interpretaciones, ella robó mi pene. Estoy diferente, más serio, más adulto.

En referencia a su sexualidad en el encuentro con María, tema central para poder dar significación a lo que quedaba sin respuesta, construirá la siguiente interpretación delirante:

> El hecho de no haber tenido pene hasta los veinte años supone para mí una magnificación de su símbolo, figura de gran importancia en mi mente y uno de los temas delicados por antonomasia en mi persona. Establezco una relación directa entre el sufrimiento desmedido reducido al conocer la vida sexual de María y mi ausencia de pene en la adolescencia. Yo, que no tenía pene, estaba con una persona que había tenido todos los penes del mundo. No satisfecha, probó a tener dos a la vez, y yo, con mi mutilación, tuve que escuchar las maravillas de tener dos penes. La envidié por tener algo que yo nunca tendré y por tener el poder de relativizar hasta cero un tema que tantos surcos provocó en mi cerebro, siendo con ello vulnerable a cualquiera de sus actos, y convirtiéndose con ello en su muñeco de trapo.

LA PÉRDIDA DEL DELIRIO

Una vez el delirio se redujo hasta esta significación suficiente para él y aunque una cierta extrañeza no dejaba de estar presente, «estar sin delirar es raro» decía, pudo tomar distancia y verlo desde una relativa exterioridad: «Estoy convirtiendo en argumentos cuestiones de mi pensamiento que antes eran de fe».

Estos argumentos eran los siguientes: «Es llamativo que en el momento del brote sentirme enamorado me hizo llegar a decir que creía en Dios. Ya a los dieciséis años la mujer representaba mi salvación y la consecución de mis objetivos». Su «autoexploración» continuaba: «Un dato que me llamó la atención es que desde que he perdido el delirio he comenzado a tener sueños en los que aparecen mujeres. El hecho de que yo tuviese la figura de la mujer guardada en el cajón de las imposibilidades hace que ahora empiecen a salir de mi inconsciente y que yo crea que son posibles. He pasado muchos años deseando a la mujer imposible, y en mi delirio la encontré», añadía en ese trabajo sin fin.

Estaba siempre a la espera de un «cambio exterior» que le dejara acomodarse y dejar de pensar y combatir. Única manera de poder descansar de su continua interpretación: «Yo siempre me vi muy femenino. De hecho, creo que soy una lesbiana. Por dentro soy una mujer y me gusta más sentirme así. Me gusta tener la mente complicada y sentir que solo yo llego a unos límites de complicación que ni siquiera la mujer más complicada entiende».

Decía que le tocaba seguir mirando hacia dentro y descubriendo cómo era, que ya empezaba a tener herramientas. La medicación no puede ser considerada como lo que él llama una herramienta. Este paciente solo tomaba la medicación cuando se sentía angustiado o que el delirio lo invadía. El delirio se iba deshaciendo como si se diluyera, como azúcar en agua.

Era, afirmaba, una situación mucho más incómoda que cuando «iba en una furgoneta siendo Dios, a salvar el mundo unido cósmicamente a una chica que era mi chica y con unos padres especiales cuya situación era un plan para que yo fuese mágicamente un súper ser». De todos modos sentía que ya se había asentado en «esta nueva fase».

LA SUPLENCIA

Es complicado responder a la pregunta de cómo me encuentro sin delirar. Noto que mi cabeza funciona de manera diferente. Noto también que el delirio está haciendo una constante presión por aparecer y volver al sistema de pensamiento que utilizaba, pero el sentirme más preciso y más práctico me lleva a decirle que no. No me apetece la magia ni las historias fantásticas. Es como si me hubiese estresado de todo eso y solo me apeteciese estar tranquilo, conseguir estar cómodo trabajando, con la gente, mejorar la casa y entretenerme con las cosas con las que se entretiene la mayoría.

Sobre el trabajo del delirio decía:

Delirar es leer constantemente entre líneas, pero me apetece dejar de ironizar y de desvelar el misterio. Me apetece que el rojo sea rojo y el azul, azul.

La sensación más extraña que tengo ahora es cierta falta de objetivo o apetito por conseguir algo. Hasta ahora la sensación era que algo me picaba. Me picaba la curiosidad muy en el interior, y el haber dado un cambio tan drástico a nivel laboral, social, sentimental e interior ha hecho que concentre mi energía en mí y en mi entorno, en lugar de hacerlo en el entorno hipotético ideal.

Mi padre pasó de ser el jefe de la gran mafia sideral a ser un personaje con el que no tengo comunicación. No quiero esperar a una mujer que me salve. No aspiro a lograr comprarme un Jaguar. No aspiro a que mi padre sea un buen padre. No aspiro a cambiar el mundo ni a sentirme diferente y superior al resto. Simplemente me doy cuenta de ser uno más y de que estar aquí carece de sentido. Yo se lo había encontrado. Tengo que aprender a convivir con este vacío. Es difícil asumir que la vida realmente supone este vacío, después de llevar tanto tiempo relleno por mi fantasía.

EL CUARTO NUDO

La construcción final será la siguiente:

> Si hay algo en mi mente, es María. Ella rellena todo el rato mi pensamiento. Ella es la mujer, el futuro que deseo y mi padre el presente del que escapo. Si ella falla y el futuro falla, alarma. Mi padre ya falló y yo no quiero volver a sentir un fallo. Proyecto a mi padre en María. María dejó de ser María y el delirio dejó de ser delirio. Creo que es la primera vez que soy consciente de que me volví loco. ¿De dónde podrá venir esta vocación redentora de mujeres? Ella encontró en mí a su redentor y yo a quien redimir. A María ya la entiendo. Mi trabajo me costó. He tenido que transformarme a mí mismo para lograr entenderla y ahora ve la posibilidad de entenderse en mi reflejo. Yo haré que eso sea así.

Y a modo de conclusión afirma: «Ya no necesito a la chica Zyprexa®. A veces mordisqueo una pastilla para poder dormir».

A MODO DE EPÍLOGO

Como se indicaba al principio, las enseñanzas que podemos extraer de este caso son principalmente dos: el duelo por el delirio y la singular invención de «la chica Zyprexa®». El duelo que el sujeto realiza por el delirio explica las variaciones del humor sobrevenidas en el curso de esta psicosis delirante. Este hecho puede extrapolarse a numerosos casos donde el delirio, en un momento determinado, se reduce porque ya no tiene que cumplir su función. La plenitud y el engreimiento narcisista que aporta el delirio se reducen en la misma proporción que decae el delirio. El psicótico tiene entonces que elaborar la pérdida del delirio, es decir, de una parte del goce y también de la infatuación narcisista; ese duelo se lleva a cabo, como es natural, con tristeza. Pero esta tristeza no debe confundirse, como se hace a menudo, con una depresión pospsicótica o un trastorno bipolar. La pérdida del delirio supone dejar de ser el único para ser uno más.

CLÍNICA DEL SUICIDIO

ENTREVISTA CON GEORGES MINOIS: EL SUICIDIO EN LA HISTORIA*

ANNE COMBOT, ANNE-CHARLOTTE GAUTIER Y PIERRE-GILLES GUÉGUEN

La redacción de la revista Mental *—Anne Combot, Anne-Charlotte Gautier y Pierre-Gilles Guéguen— se ha entrevistado con Georges Minois, autor de una obra sobre la Historia del suicidio en la sociedad occidental.*[1]

¿TRATAMIENTO DE MASA O MOTIVACIONES PERSONALES?

PIERRE-GILLES GUÉGUEN: A partir de la década de 1920 el suicidio se ha convertido en un problema de salud pública. Sobre todo desde que la tasa de suicidio juvenil ha sobrepasado a la de las generaciones más mayores. Hoy existe la tendencia a establecer «autopsias psicológicas», con un supuesto fin de prevención. Se busca establecer, gracias a la herramienta estadística, correlaciones entre la existencia de suicidios y el hecho del suicidio. Se trata de detectar, deducir desde la más temprana edad lo que sería una personalidad suicida, mediante rasgos que son escogidos de manera psicosociológica o a partir del entorno, con la idea de encontrar finalmente un marcador biológico. Es un enfoque que no convence, que no corresponde a nuestra práctica y que confunde correlación estadística y causalidad psíquica. Noso-

* Entrevista publicada en francés en el nº 17 de *Mental, revue de la FEEP*, abril de 2006. Traducción de Luis Alba.

1. G. Minois, *Histoire du suicide, la societé occidental face à la mort volontaire*, Fayard, París, 1995. Recientemente ha publicado *Histoire du mal de vivre, de la dépression à la mélancolie*, La Martinière, París, 2003.

tros, al contrario, buscamos la causalidad en cada suicidio, a partir de la constelación de significantes que ha conducido a la persona a suicidarse. Es un método que toma en cuenta cada caso, mientras que hoy en día el tratamiento del acto suicida, que parece ser cada vez más frecuente, tiende a ser un tratamiento de masa estandarizado. *Mental* quería mantener una entrevista con usted, que es un historiador, si no el único, que ha publicado sobre este tema en Francia, como testimonia *Historia del suicidio*. Podríamos partir, para nuestra discusión, de una cita de Lacan, quien declaraba en 1973: «El suicidio es el único acto que puede tener éxito sin fallo. Si nadie sabe nada de él, es porque procede de la opción inflexible de no saber nada».[2]

GEORGES MINOIS: He estudiado el suicidio en tanto que historiador y no desde el punto de vista de los debates actuales sobre el suicidio. Al estudiar la historia del suicidio, mi idea era la de intentar saber si en el curso de la historia las motivaciones del suicidio habían sido motivaciones de orden filosófico, y cuál era la actitud de los individuos ante un cierto sinsentido de la existencia.

P-GG: Usted tiene en cuenta dificultades metodológicas para estudiar la cuestión.

GM: El acceso a las fuentes es difícil porque son extremadamente dispares y heterogéneas. Siempre ha habido un considerable disimulo alrededor del acto del suicidio, que era un acto reprobado y condenado por las autoridades. La mayor parte de las fuentes en los siglos pasados son fuentes judiciales. Se hacían investigaciones para saber si la persona que se había suicidado era verdaderamente responsable de su acto, de cara a proceder a las condenas que resultaran de ello. Se trata de un estudio de casos individuales, lo que es tanto más interesante para el propósito que me asigné al comienzo: intentar detectar cuáles han sido las motivaciones personales de cada uno que hay detrás del acto suicida. Disponemos de fuentes judiciales, de fuentes literarias, pero nada propiamente estadístico.

2. J. Lacan, «Télévision», *Autres écrits*, Seuil, París, 2001, p. 542.

PROMOCIÓN DE UN UNIVERSAL

P-GG: En el curso de los siglos hay momentos destacados en los que cambia la idea de suicido. Por ejemplo, me ha interesado mucho saber que el suicidio se convirtió en pecado con san Agustín, en el periodo justiniano.

GM: Las fuentes nos presentan sobre todo la actitud de la sociedad de cara al suicidio. Se pueden distinguir algunos grandes movimientos. En la Antigüedad greco-romana, el suicidio es un acto totalmente admitido; incluso está específicamente dicho en la ley romana que el suicidio por cansancio de vivir es un motivo aceptable. En esa época, los únicos tipos de suicidio condenados eran los de los esclavos y los de los condenados que se suicidaban para escapar a la justicia y a la confiscación de los bienes. Pero para el resto el suicidio estaba considerado como completamente honorable.

P-GG: Usted recuerda que los soldados tampoco debían suicidarse...

GM: Los soldados tenían una función particular. En el caso de los esclavos, su vida no les pertenecía. El suicidio es un acto de libertad del ciudadano que forma parte de las libertades individuales. Diría que en esa época no pesa ningún interdicto, en especial de orden religioso. Es con el cristianismo, a partir de san Agustín, cuando aparece de forma bastante clara la prohibición religiosa. Hubo ciertas dudas al principio, a propósito de la cuestión de los mártires voluntarios. En la Biblia, hay casos en los que el suicidio no es nunca condenado formalmente, por ejemplo el caso de Sansón, que es el prototipo de atentado suicida. Los Padres de la Iglesia han vacilado al respecto. A partir de san Agustín es cuando la prohibición de Dios es estricta, absolutamente universal. Las justificaciones dadas por la Iglesia serán formalizadas más tarde, por Tomás de Aquino. Pero desde el inicio se encuentran los mismos argumentos. El suicidio es un atentado contra Dios, que es el creador de la vida; si Dios ha creado la vida, es que es buena y suprimirla es, por lo tanto, condenable. También es un atentado contra la sociedad, ya que se priva a la sociedad de uno de sus miembros, y por tanto constituye una dificultad para esa sociedad. Es un atentado contra la caridad, contra el amor que uno se debe a sí mismo. Éstas son las bases que exponen los pensadores cristianos para establecer un interdicto absoluto sobre esta práctica. Nuestra vida no nos pertenece, el mandamiento «No matarás» se aplica también a la vida personal.

P-GG: Así pues, con el desarrollo del cristianismo, lo que se promueve es una prohibición para todos. Una prohibición universal.

UN TRATAMIENTO SOCIAL DEL SUICIDIO

ANNE COMBOT: Existe entonces una oposición entre la prohibición universal del lado de la religión y la libertad de la Antigüedad. Hay también otro aspecto de la sociedad, el que condena en nombre de una dimensión económica y limita la libertad del ciudadano.

GM: Sobre eso hay que matizar. Al final del Imperio romano, periodo en el que el Estado resulta extremadamente poderoso y totalitario, hay enormes problemas socioeconómicos y políticos. Los emperadores del Bajo Imperio tienen tendencia a extender el dominio del Estado, incluidas las libertades individuales, a establecer el control de la familia. Y ya en la época del Imperio el suicidio está implícitamente condenado por las autoridades públicas, incluso en los medios paganos. El cristianismo vendrá a añadir una garantía espiritual a las motivaciones sociopolíticas.

P-GG: La perspectiva de la época de los disturbios.

GM: Sí, los tiempos confusos, con una crisis demográfica del Imperio ante el empuje de los bárbaros. El individuo no se pertenece a sí mismo, pertenece al Estado, que es lo que ya decía Aristóteles. Suicidarse es equivalente a la deserción del soldado. Entonces, ambas motivaciones, la sociopolítica y la religiosa, van a caer con todo su peso sobre los individuos y prohibirles cualquier posibilidad de suicidio.

P-GG: Lo que me interesaría seguir es el destino de los cuerpos, como si en la Antigüedad los cuerpos hubieran sido propiedad de la persona. Mientras que en la Edad Media aparece el momento en que el cuerpo pertenece a Dios, de donde proviene esa costumbre que nos parece bárbara de la punición de los cadáveres.

GM: El juicio del cadáver ha durado hasta el siglo XVIII. Por un lado está el cadáver, que se conservaba a veces durante dos meses para proceder a su juicio, en su presencia, y luego la ejecución del cadáver. Se trataba de hacer sufrir un castigo al cuerpo, que sería una cierta forma de reversión. Todo es puesto al revés, se da la vuelta al cadáver, con la cara hacia la tierra, colgado por los pies antes de ser quemado y dispersadas sus cenizas; o aún variaciones locales, como la de enterrarlo en los cruces de caminos con una estaca atravesándole el pecho, de manera que todo el mundo lo pisotee. El castigo infligido al cadáver apunta al aniquilamiento de ese cuerpo. Es una inversión en la que el cuerpo que era sagrado en la religión se convierte entonces en posesión diabólica y al que se hará padecer estos tratamientos atroces.

P-GG: En la línea de los análisis de Foucault, hay una influencia sobre la sexualidad y los cuerpos que provienen de la autoridad religiosa...

UN DEBATE SOBRE EL ACTO

GM: En el cristianismo, desde san Pablo, el cuerpo está en una posición que es subalterna. El cuerpo es la parte perecedera del individuo. El dualismo entre la parte noble que es el alma y la parte despreciable que es el cuerpo es muy nítido. En el Renacimiento, numerosos fenómenos contribuyen a volver a poner el suicidio entre las preocupaciones de la época. Por una parte se plantea la cuestión al constatar que los antiguos habían tenido una posición positiva de cara al suicidio, con el redescubrimiento de la Antigüedad y sus suicidios célebres, honorables y gloriosos. Por otra parte, el Renacimiento es también un periodo en que se ponen en tela de juicio los grandes valores fundamentales de la época; una cierta duda se introduce en los dominios del saber en general, todo cambia, con los descubrimientos de Copérnico, de América, y los inicios del capitalismo. Se produce una profunda desagregación de los lazos tradicionales, sea a nivel de las corporaciones, sea a nivel familiar, que hacen que el individuo se sienta más aislado. Está menos ceñido en los lazos de sociabilidad que en la Edad Media, y todo esto hace que la cuestión del suicidio vuelva claramente al primer plano. El suicidio aparece como un problema de sociedad entre los años 1580 y 1620, lo que se percibe especialmente en la literatura, la novela, el teatro; a partir de entonces hay en todas las tragedias una cascada de suicidios —las obras de Shakespeare son características al respecto. Es un debate antes que nada intelectual que progresivamente va a convertirse en un problema de sociedad en el siglo XVIII, porque ante el debate que se entabla entre intelectuales en el Renacimiento las autoridades van a reaccionar endureciendo sus posiciones. Les inquieta ver esta difusión de nuevas ideas sobre el suicidio. Las autoridades, sean religiosas o políticas, van a reaccionar. En Francia, en 1670, la justicia real, mediante una gran ley, hace del suicidio un crimen equivalente a un crimen de lesa majestad. Es uno de los raros casos de la época en el que se considera que puede haber un proceso al cadáver, hay un endurecimiento de las autoridades. En el siglo XVIII, con el desarrollo de la prensa, y la producción de los filósofos, el debate se extiende mucho más y afecta a categorías sociales cada vez más extensas, a la burguesía especialmente. Se organizan debates públicos: «¿Es el suicidio un acto valiente?». Esto se amplifica hasta el periodo de la Revolución, cuando se despenaliza el suicidio en la mayor parte de los países del continente. Se podría pensar que el suicidio era admitido como una actitud normal en ciertos casos. A continuación, en el siglo XIX, hay una gran reacción en contra. Todo esto se da al unísono con la evolución de las mentalidades y las costumbres.

LA ANOMIA

P-GG: También es el momento de la revolución industrial y el ascenso del cientificismo...

GM: Es una sociedad utopista, en la que el individuo está al servicio del grupo y no tiene la libre disposición de su persona. El positivismo también condena el suicidio.

AC: En el siglo XIX, sea cual sea la ideología, desde el punto de vista religioso o desde el punto de vista económico y filosófico, el suicidio está condenado.

GM: Sí, el siglo XIX es una época de grandes corrientes ideológicas que predican, todas ellas, la abnegación del individuo, el sacrificio al servicio de su grupo, de la colectividad o su nación para unos, o de su clase social para otros. En el plano religioso, el siglo XIX es la época más estricta. Mientras que en el siglo XVIII estaba admitido el entierro de los suicidas, se vuelve a la condena y al rechazo de los sacerdotes a enterrar a los suicidas. Hay un bloqueo en todos los sectores.

P-GG: Sin embargo, tanto en el XIX como en el XVII, continúan los suicidios cotidianos...

GM: No parece que la tasa de suicidio haya variado a lo largo de estos periodos diferentes. Es difícil disponer de estadísticas sobre estas diferentes épocas, pero por lo poco que sabemos, parece que la tasa de suicidios ha variado relativamente poco, desde la Antigüedad hasta el Antiguo Régimen. En el siglo XIX parece haber un incremento del número de suicidios. Quizás es debido a las técnicas de registro, es posible que eso haya intervenido. Pero actualmente se piensa que ha habido efectivamente, entre el comienzo y el final del siglo XIX, un incremento del número de suicidios, como Durkheim había discernido.

P-GG: ¿Es debido a la anomia que impone la industrialización y el éxodo del campo a la ciudad?

GM: Estoy de acuerdo con que el incremento del número de suicidios puede ser debido a la evolución hacia lo que se llama modernidad, en esencial el aflojamiento de los lazos sociales. Es uno de los tipos de suicidio que aísla Durkheim. Sin duda no es la única causa, pero probablemente ha intervenido. El desarrollo industrial, el trabajo infantil, los malos tratos, el alcoholismo, el capitalismo salvaje, muchos rasgos del mundo contemporáneo se instalan al mismo tiempo. La actitud oficial y las diferentes corrientes que prohíben el suicidio están en contradicción con estas nuevas tendencias socioeconómicas que pueden ser factores de suicidio.

P-GG: Lacan, en «los complejos familiares», habla de la «tendencia suicida» como otro nombre de la pulsión de muerte freudiana. ¿Esta formulación tiene algún eco para usted?

GM: De manera general, me parece improbable que haya en el hombre una pulsión de muerte. La pulsión de vida me parece que es fundamental. Como decía Voltaire: «Más vale sufrir que morir». Mi pensamiento personal es que el suicidio es una reacción completamente individual ante un drama particular. A través de lo que he podido ver en el curso de la historia, llegar hasta la muerte voluntariamente es algo ligado a una situación personal incluida en un contexto particular de la vida de cada uno. No hay duda de que el contexto cultural puede favorecerlo.

GESTIÓN DE LAS POBLACIONES

P-GG: Usted lamenta, al final de la obra, que no haya más debate en torno a la cuestión del suicidio.

GM: El debate se ha desplazado hacia la eutanasia, que es otro término para el suicidio, y gira en torno a la cuestión del fin de la vida. ¿Está permitido al individuo dejar la vida cuando percibe que no hay nada más que esperar? Éste es hoy en día el objeto del debate, así como el suicidio juvenil.

ANNE-CHARLOTTE GAUTHIER: ¿No se ahoga el debate cuando se convierte en un problema de gestión de las poblaciones en una perspectiva de prevención? La cuestión subjetiva se deja en segundo plano.

GM: Sí, se deja en segundo plano en provecho esencialmente de explicaciones sociológicas, en el marco del Estado moderno, que es un Estado, lo sabemos bien, falsamente liberal, incluidos los más democráticos, que tiene de hecho tendencias totalitarias en la medida en que tiende a dictar a los individuos su conducta. Lo que se da también en ideas como la de ciudadanía, que se nos pide enseñar. El Estado moderno tiende a difundir bajo una exigencia no dicha, pero tanto más insidiosa, un ideal de hedonismo. Cada uno es a la vez libre y tiene el deber de ser feliz. Mediante estas consignas, que tienen tendencia a transformarse en exigencias sociales, el suicidio es visto de nuevo como una actitud asocial. De una forma más insidiosa que antes, existe a tendencia a empujar el acto suicida al dominio de la locura, de la anormalidad, y a no tener en cuenta las motivaciones totalmente individuales que son esenciales en este acto.

P-GG: En esencia, ideal, nobleza, coraje.

GM: Sí, es esto. E incluso la constatación de un no sentido global de la existencia o de la vida. Bajo la presión social, estas cosas ya no son admitidas. Son consideradas como una actitud totalmente anormal. Sostener este tipo de discurso ya no está admitido.

CAÍDA DE LAS IDENTIFICACIONES

P-GG: El suicidio juvenil es un gran debate. Las reglas clásicas de obligaciones se les imponen cada vez menos, mientras que la obligación de identificación con el semejante resulta más y más fuerte, igual que la presión de los objetos del consumo. Además, con la perspectiva de un porvenir en el que se ven «sin futuro».

GM: Sí, hay una contradicción fundamental entre un ideal que se presenta como un ideal de libertad absoluta y un imperativo: ya que eres libre tienes que ser feliz; no tienes ningún motivo para suicidarte. Esta libertad absoluta es de hecho un factor de desasosiego.

P-GG: Sometido a la obligación de ser feliz.

GM: La obligación de ser feliz es una obligación muy pesada. Justamente, si no se llega a alcanzarla, la culpabilización es entonces muy importante: dado que se es libre, uno no puede acusarse más que a sí mismo.

P-GG: Lo que nos conduce a pensar el suicidio bajo dos términos, el de acto y el de *impasse*. Por una parte, el suicidio como acto, tal como es considerado a partir del Renacimiento, incluso como acto ejemplar, inspirándose en los modelos antiguos, y por otra parte el suicidio como la única vía que queda abierta a un *impasse* subjetivo. Al respecto nos podemos preguntar si en este caso tiene el valor de un acto.

GM: Sí, hay tipos de suicidio «ordinarios» ante un profundo dolor, una situación concerniente a la salud o problemas materiales. Está igualmente el suicidio «ideológico», causado por la pérdida de sentido, la pérdida global de sentido que es totalmente nítida en el momento actual. En el mundo contemporáneo los individuos son arrojados en la más completa libertad, en un mundo que no tiene ya verdaderamente sentido para continuar viviendo. Es necesario elegir. Unos van a elegir alienar esta libertad tan pesada y van a adherirse a movimientos extremistas o sectarios que pueden conducirles hasta el atentado suicida. Otros van a instalarse en esta libertad, tomar su parte de sinsentido. Los primeros se dan un sentido alienando su libertad; los segundos conservan la libertad, pero como no hay más sentido se trata entonces de vivir en lo inmediato, de quererlo todo, a toda prisa, de sumergirse en la sociedad consumista integral y de no pensar más.

¿REPRIMIR O ELUCIDAR?

P-GG: Cuando nos ocupamos de sujetos que han pasado al acto, nosotros intentamos volver a introducir la categoría de la libertad. Se trata de poder desanudar el *impasse* en el que esos sujetos se encuentran y conducirlo de manera diferente, reencontrando no necesariamente el sentido perdido ni el de las grandes doctrinas, sino apoyos para volver a sostener una posición subjetiva y comprender cómo se ha producido ese *impasse*.

A-CG: Tomar en cuenta este *impasse* es fundamental. Algo insiste porque ha sido rechazado y lo que no ha sido tratado vuelve a escena.

GM: Sí, tratar de volver a dar puntos de apoyo. Se trata de negociar y navegar a ojo, es la imagen que tengo ahora de la vida. Se trata de tener algunas referencias y algunas luces para aclararnos. Es cierto que no existe el sentido que podía existir en el tiempo de las grandes religiones o ideologías de antaño.

AC: Quisiera abordar la cuestión de la forma de la represión del suicidio hoy en día. En la historia, ha habido diversas formas de represión, religiosa, política, judicial. ¿Cuál es la forma contemporánea de la represión? En nuestra sociedad, que predica la felicidad, ¿no desempeña la prevención este papel de forma insidiosa en nombre del bien del individuo?

GM: Sí, hay una forma de culpabilización del suicidio, eso es cierto, como acto antisocial y como acto injusto hacia el entorno inmediato, la familia. Es una presión que se reencuentra bajo la forma de la prevención. Si se busca prevenir el suicidio es que se lo considera algo reprensible. Si no hay moral trascendental, queda la moral cotidiana y hacer de forma tal que el individuo considere el suicidio como un acto amoral e interiorice esta prohibición.

AC: Así pues, estas cuestiones se plantean actualmente en nombre de la ciencia médica. Parece que no hay grandes variaciones del número de suicidios en el curso de los siglos; pero ha habido, en ciertos periodos, epidemias de suicidios como hoy en día entre los jóvenes, un fenómeno de contagio que puede ser una manera de contestar a la sociedad, precisamente con lo que ella condena.

P-GG: Hacer existir la categoría de «personalidad suicida» es animar a quienes están atraídos por cosas mórbidas a reunirse bajo ese rasgo identificatorio.

AC: Incluso se ha creado, hace poco, un D.U. de suicidología.

GM: Al respecto, he sido invitado a hacer algunas comunicaciones en el marco del D.U. de prevención del suicidio. No estaba cómodo en este marco, mi problema no es la prevención del suicidio, sino el estudio de las motivaciones en torno al suicidio. Por lo demás, para los asistentes resultaba obvio que el suicidio es un acto totalmente anormal, lo que no es mi punto de vista, y que por sistema debería hacerse todo para hacer imposible el suicidio, por lo tanto condenable.

UNA ELECCIÓN DEL SER

P-GG: Se ve que una pendiente psicosociológica (que no es la de excelentes sociólogos como Baudelot y Establet) consiste en describir, como se hace en los manuales de medicina psiquiátrica, los aspectos exteriores del síntoma y rechazar entrar en la subjetivación del mismo. Por ejemplo, se clasifica a los adolescentes en función de tal categoría de entorno. Ya no se quiere entrar en la consideración de la manera en la que el sujeto ha ejercido su libertad incluso en el suicidio. Eso que hoy en día recibe la denominación a la ligera de «suicidio para llamar la atención» es algo que hay que tomar siempre en serio, ya que comporta siempre una reivindicación de ejercer una libertad, cuando el sujeto ya no encuentra su camino.

A-CG: El suicidio queda reducido a un gesto banalizado, clasificado como una enfermedad cuyos signos se estudiarán.

GM: Sí, se lo coloca en la lista de las patologías médicas, sin tener en cuenta la historia personal del sujeto. El suicidio es realmente un acto íntimo y personal ligado a una vida, a los acontecimientos particulares de esa vida. Es un acto específicamente humano, una de las especificidades de nuestra humanidad y, por lo tanto, de la dignidad humana. Es un acto que está ligado a nuestra condición, que forma parte de nuestra dignidad y que no existe en los otros seres vivos.

P-GG: En nuestra práctica, cuando vemos que los pensamientos suicidas invaden al paciente, buscamos alejarlo de ellos, no mediante la interdicción, sino mediante el retorno a todo lo que lo empuja en ese sentido, de manera que pueda saber qué hacer con eso...

GM: Se trata de hablar con él antes que considerar su gesto como un gesto anormal e incomprensible.

¿EL PASAJE AL ACTO SUICIDA REBAJADO AL ESTATUTO DE EPIDEMIA?

GRACIELA ELOSEGUI

La pregunta se decanta, y no sin asombro inquietante, tras la lectura de las directrices de la OMS en el marco de su política respecto al suicidio. Lo inquietante emerge al poner dichas directrices en relación con las posibles consecuencias, porque, precisamente, se traza en el horizonte la amenaza del retorno de lo que se pretende limitar.

De modo que, dado el estado de las cosas, se impone la prudencia: es preciso transitar en la dirección conveniente, aquella que haga cruce a la expresión más drástica de la pulsión de muerte, aquella que permita arribar a algún saber y más allá... «saber hacer con».

Desde esta perspectiva, sostener abierta la pregunta, en forma siempre renovada y despojada de la fascinación por la verdad, sobre qué se debe atravesar para situarse en consonancia con dicha posición, la de «saber hacer con», es una brújula cuyo norte señala la «dignificación» de la vida humana. La historia de las civilizaciones demuestra que es un movimiento nunca acabado, es más, que es el fundamento mismo de la civilización.

¿Qué resulta asombroso? Es precisamente que la OMS, organismo especializado de la ONU, que tiene origen a partir de la Segunda Guerra Mundial, esa gran epopeya de la pulsión de muerte, manifieste que el aumento de las muertes por suicidio: «es un problema de salud pública enorme y sin embargo prevenible»; proclamándose así «agente de su gestión» al sancionarlo de esta manera. Una cuestión de tal envergadura ha encontrado un solo propietario. Les ha sido arrebatado a los filósofos, a los poetas, a las religiones, etc.

En el año 2004, este organismo intergubernamental, al declarar el suicidio un problema de salud pública y como tal prevenible, puso en marcha los mecanismos para su prevención y estableció el 10 de septiembre como día mundial para la prevención del suicidio. A partir de entonces se elaboró una importante serie de estudios y se pusieron en marcha diversas actuaciones, como las promovidas ante cualquier otro problema de salud pública que se considere prevenible desde el punto de vista del cambio de estilo de vida de la población, de la detección de los factores de riesgo y de las señales de alarma.

Esto provocó la extrapolación de los estudios de las tasas de suicidios a nivel mundial, y se predijo la cifra de un millón y medio de muertes por suicidio en todo el planeta en el año 2020. Las cifras hicieron saltar las alarmas: en los países desarrollados representa el 1,4 % de la morbilidad, porcentaje similar al de los accidentes de tráfico o los asesinatos. En 2001 superó al de las víctimas de guerra.

Grave problema de salud pública que permanecía oculto de modo que, para prevenirlo, lo primero que había que hacer era trabajar por publicitarlo, para ello se le dedicó el día mundial de la salud mental del año 2006.

Los efectos no se hicieron esperar y las autoridades sanitarias de los distintos países europeos lo tomaron a su cargo, siendo uno de los temas principales (junto a la «plaga» de la depresión, que no le es ajena) de la reunión de los responsables de salud de la Comunidad Europea celebrada en Helsinki para determinar los grandes ejes que debían orientar las políticas sanitarias en los próximos años.

Sin embargo, podemos decir que la insistencia en abonar la pasión por la ignorancia no es desestimable y se presenta de forma muy evidente, porque basta con una sola referencia al alcance de todos para poner en entredicho la interpretación propuesta de estas cifras y que las muertes por suicidio no siempre se notificaron como tales. En la Alemania del Este, antes de la caída del muro de Berlín, se modificaba la causa de muerte; era una verdad incómoda para la burocracia imperante, denotaba la coacción a la que estaba sometida la población. Podemos decir en un sentido que, aun entonces, funcionaba cierto pudor que hacía de barrera a la impunidad. Ahora se nos informa de que las muertes por suicidio han aumentado un 60 % en los últimos cincuenta años, se sitúa como causa de ello contingencias de la vida, problemas coyunturales, etc., desvinculándolo de la dimensión histórica. La balanza se inclina hacia el «ánimo depresivo» que encuentra respuesta en la farmacopea y en las TCC. Un ánimo que no solo pone en jaque el valor de la vida, sino también a la economía, por el menos de producción que los sujetos deprimidos ofrecen, unido a sus bajas laborales. Se nos presenta en primer plano la fusión entre política, ciencia y economía. Fusión por la que la OMS también está atravesada.

Se nos propone, además, apoyarnos en el conservadurismo en pos de la homeostasis. La utopía perdió su función, se redujo la distancia, ahora es realizable. En este sentido interesa recordar que la Constitución de la OMS define la salud como: «un estado de completo bienestar físico, mental y social, y no solamente como la ausencia de afecciones o enfermedades». Con solo arribar a este punto el asombro inicial pierde su sentido.

Ahora bien, continuemos avanzando. La OMS históricamente ha calificado de problema de salud pública precisamente lo que atenta contra ese bien común. Un problema de esta índole es, por ejemplo, una enfermedad infecciosa que «ataca de modo accidental» y, al mismo tiempo, a un gran número de personas, una epidemia.

Ante esta situación se procede a detectar el agente infeccioso, conocer su forma de propagarse, etc., con finalidades terapéuticas y preventivas para lograr su erradicación, su extinción.

Sabemos que la prevención de riesgos, término usado primeramente en el mundo de la empresa, se apoya en la epidemiología y en la estadística y que el procedimiento, en la actualidad, se hace extrapolable a todo lo que pre-suponga un perjuicio sobredimensionado (economía, guerra, política, salud en general). Por ejemplo, en el pasado reciente hemos visto hasta qué punto se puede hacer uso de esto, cómo puede constituirse en la justificación misma de una guerra y así, con fines preventivos, quedar justificados los medios.

El índice de la revista *Crisis*, (órgano de la Asociación Internacional para la Prevención del Suicidio —IASP, en sus siglas en inglés—, asesora de la OMS y presidida por el doctor Brian Mishara (director del Centro de Investigación sobre el Suicidio y la Eutanasia y catedrático de

Psicología de la Universidad de Québec), es muy claro al exponer que la prevención del suicidio se centra en impedir el acceso a los «métodos» (armas, pesticidas, desinfectantes, fármacos). Sistema parecido al de la prevención de riesgos laborales en las empresas.

La OMS propone seis medidas generales para prevenir el suicidio. Tratamiento de las enfermedades mentales, desintoxicación del gas de los vehículos de motor, desintoxicación del gas doméstico, control de la tenencia de armas de fuego, control sobre la disponibilidad de armas tóxicas y supresión de las noticias sobre suicidios en los medios de comunicación.

Otras cuestiones destacan así mismo en los programas de prevención: la *normalización,* entendida como lucha contra la estigmatización de las enfermedades mentales y, especialmente, del hecho del suicidio. Así, se considera prioritario en los programas de prevención la información a la población en general, a los distintos agentes sociales y a los medios de comunicación. Teniendo ciudadanos bien informados se espera se produzca un doble efecto: por un lado, que cada persona esté capacitada para detectar el riesgo al pasaje al acto suicida en alguien cercano, y que sea autoevaluadora de su propio riesgo.

Hay que considerar como una ayuda en la prevención y al mismo tiempo como fuente de *contagio* la proliferación de páginas web sobre el suicidio.

Una vez elevado a categoría de problema de salud pública interesan especialmente las estadísticas y quedan olvidados los casos como tales. La prevención debe implicar, para poder ser considerada como tal, la variación anual de las cifras. La tasa de aumento de la supervivencia tras un intento es uno de los indicadores que más se emplean ante la estabilidad de las cifras de suicidios consumados.

Como ejemplo, es un buen paradigma de lo dicho respecto a la orientación preventiva en salud mental la página web de la Oficina de Salud Mental del estado de Nueva York, que en el apartado dirigido a la población en general, contestando a la pregunta «¿Es posible prevenir el suicidio?» afirma: «En la actualidad no hay una medida definitiva para prevenirlo, pero los investigadores han identificado factores que colocan a un individuo en alto grado de riesgo, aunque muy pocas personas de este perfil acabarán suicidándose. Los factores de riesgo incluyen enfermedades mentales, el abuso de sustancias, intentos anteriores, el historial familiar, un historial de abusos sexuales y tendencias impulsivas o agresivas. El suicidio es un suceso relativamente raro y, por lo tanto, difícil de predecir». El factor sujeto y su decisión subjetiva quedan como la gran X de la cuestión. Es la X del sujeto que solo puede ser abordado individualmente y con fineza clínica y una posición que no permite ni generalizaciones ni medidas dedicadas al conjunto de la población.

EL EJEMPLO ESCOGIDO NO ES CASUAL

En las coordenadas que traza la OMS la gran ausente es la pregunta por la subjetividad de la época, aquella que interpela el discurso imperante, el del imperio moderno llamado globalización, cuyo dominio se instaura a través de un discurso, el del capitalista, en estrecha consonancia con la tecnociencia, vehiculizándose así un imperativo de goce que aplasta el deseo y obtura la posibilidad de la pregunta por su causa, traduciéndose en ese ascenso del «ánimo depresivo» hasta el debilitamiento del enganche a la vida, produciendo la hemorragia del sentido de ésta y dejando a los sujetos en posición de resto.

El capitalismo nos cuenta que ya no rigen los grandes ideales, esos que orientan, promueven un espíritu gregario y favorecen un lazo social; ese lugar lo ocupan hoy las leyes del mercado. Él promete proveernos el objeto que nos colmará y que al mismo tiempo debe ser siempre nuevo. Los más alienados a dicha promesa quedan atrapados en el círculo infernal del consumo, consumiéndose. Los también alienados a ella pero sin posibilidades de acceder a la obtención metonímica de objetos, enferman del ideal. Orientarse bajo esta perspectiva conduce a la desorientación, a cortocircuitar el paso por el campo del Otro, a la banalización de la concepción del mundo, de la existencia.

La ciencia se expide pronunciándose en capacidad de aprehender todo lo real por el saber y hacer posible lo imposible hasta el punto de modificar la idea sobre la muerte, situándola cada vez más como algo inescrutable y producto de la casualidad, dando lugar a la fórmula del «todo es posible».

Y ¿qué podemos decir de la tan preconizada libertad para gozar? Para empezar, que es lo más condicionado, puesto que se goza bajo las coordenadas del marco del fantasma.

El amo moderno universaliza al sujeto en su falta de goce y éste pone a trabajar al saber científico con efecto de producción de objetos en función de «plus de goce». Esta operación arroja como resultado la homogeneización del plus de goce ligado a la falta de goce del sujeto tomado como universal.

La puesta en marcha de esta maquinaria sitúa a la modernidad sobre el par progreso/reduccionismo manifestando su desprecio por la diferencia y produciendo el ascenso de la violencia, del odio, del odio a sí mismo, de modo que la segregación está cada vez más extendida.

Evidenciamos cómo el empuje implacable a lo peor no deja de hacer mueca de los «avances» y la lectura que los articule no cesa de no producirse. Bajo una mascarada paternalista, cargada de buenas intenciones, elevándose como guardiana y prometedora de nuestra felicidad y salud, se infatúa lo tiránico; es decir, se sitúa lo particular como una intrusión pérfida.

En el tema que nos atañe, el horror queda reabsorbido, reducido a un problema sanitario y la respuesta ofrecida es la prevención, con el acento puesto en la detección de los «comportamientos suicidas». Esto es, el comportamiento como susceptible de interpretación unívoca. No es necesario, pues, hacer hablar al sujeto. Si se le hace hablar es con la finalidad de arrancar la confesión que confirme dicha interpretación.

Es más, hay otras vías para ahorrarse escuchar al sujeto en su particularidad, por ejemplo, ahora la herencia se transmite tal cual o marca una tendencia, también unívoca: «Si entre sus antecedentes familiares alguien falleció por suicidio usted es proclive a dicha elección», se le dirá al paciente.

Así, el Otro no deja de saber, no deja de contestar, no deja de diseñar destinos; haciendo uso de la imaginería en detrimento de lo simbólico, que es lo que permitiría cernir los significantes del goce del viviente.

UNA VUELTA MÁS...

En el enfoque actual, el comportamiento de las personas se sitúa en relación con lo que es visto como lo común, lo inusual, lo aceptable y lo que queda por fuera de los límites aceptables. La aceptación del comportamiento es evaluada por la norma social y regulada por los diferentes medios de control social. En esta perspectiva se han inscrito, entre otras, las instituciones psiquiátricas como instituciones de orden público. Pero las directrices de la OMS añaden un elemento más: no tienden a delimitar, sino, por el contrario, aspiran a abarcar a toda la población. Todos y desde todas las instancias estamos llamados a «detectar el comportamiento suicida», vigilarlo, controlarlo, tratarlo... ¿erradicarlo y extinguirlo?

Si tenemos en cuenta que en el psiquismo humano habita un apetito de muerte y que lo preeminente, en nuestra época, es el despliegue de la imaginería que antes mencioné, entonces, podemos deducir otra fórmula: «Todos susceptibles de quedar bajo sospecha», todos susceptibles de encajar en alguno de los «grupos de riesgo» que las estadísticas van dibujando como «retratos» del hombre contemporáneo.

Se anticipa otra consecuencia, la petrificación del sujeto identificado a su comportamiento, dando lugar a una nueva clase: «los suicidas».

Podemos concluir que es el sujeto situado así, tomado por su comportamiento, el que queda rechazado de entrada. Dado que el sujeto no se define por el comportamiento, sino por los significantes que lo determinan, ¿sería desacertado inferir que es el sujeto mismo el que está en cuestión?, ¿que es el sujeto el que se transforma en virulenta amenaza para nuestra salud pública? De este modo, ¿acaso no se reintroduce lo que se quiere limitar?

Estas reflexiones nos conducen a una suerte de título conclusivo: «La segregación de la clínica». De una clínica, concebida desde el abordaje de lo particular de cada caso, en pos del control generalizado.

JACQUES LACAN: OBSERVACIONES SOBRE SU CONCEPTO DE PASAJE AL ACTO*

JACQUES-ALAIN MILLER

Estoy muy contento de estar en Bonneval,[1] que sigue habitado por la sombra de Henry Ey, y donde acaso resuenen aún los ecos del largo debate que mantuvo con Jacques Lacan. Quién sabe si en la eternidad no siguen con su debate. Ésta era la idea que tenía Sócrates sobre la manera de emplear el tiempo del que dispondría después de su muerte. Sócrates creía en la vida eterna del alma, y se prometía a sí mismo que pasaría todo ese tiempo conversando con los más eminentes. No estoy seguro de que ésa fuera la idea que tenía el doctor Lacan de su tiempo libre. No sé cómo sería para Henry Ey.

Pero, efectivamente, por lo que concierne a Sócrates, su goce, el de él, era el de un hombre enteramente ocupado en la dialéctica; su goce era, en suma... ¡el del bla bla bla! Por lo demás, esto nos plantea la cuestión de saber si, en definitiva, Sócrates no se suicidó... ¡para hacerles un chiste a sus jueces!

EL PASAJE AL ACTO DESVELA LA ESTRUCTURA DEL ACTO

No es ésta una mala introducción al concepto de acto, como se ha visto ya con ocasión de las exposiciones precedentes. Precisamente voy a in-

* Traducción de Clara Bardón.

1. Intervención en la Jornada de Bonneval el 4 de octubre de 1986, texto establecido por François Sauvagnant, aparecido en *Actualités psychiatriques*, n° 1, enero de 1988. Ligeramente revisado para su publicación en la revista *Mental*, n° 17, de abril de 2006, con la amable autorización de J.-A. Miller.

tentar presentar brevemente algunas reflexiones sobre lo que Lacan aportó al concepto de acto. Este concepto es un tema constante, recurrente en su reflexión y en su enseñanza; quizá muchos de ustedes no ignoran que Lacan dedicó el seminario de un año universitario al acto analítico,[2] en la medida en que el acto analítico, tal como él lo concibe, esclarece el concepto del acto como tal.

Pero de hecho este concepto lo debe al concepto tradicional de pasaje al acto, del que hemos escuchado aquí una perspectiva histórica y una problemática contemporánea. Y, después de todo, no olvidemos que Lacan, que citaba a Sócrates de vez en cuando, tenía una formación de psiquiatra. Claro que, primero, ese pasaje al acto hay que despsiquiatrizarlo, o quizá simplemente hay que generalizarlo y considerar que el pasaje al acto revela la estructura fundamental del acto.

La experiencia analítica, esto es lo que pensaba Lacan, enseña que el pensamiento está básicamente en *impasse*, esto es lo que quiere decir la represión, y que el acto tiene que hallar siempre un pase para tener lugar. De tal modo que la mutación subjetiva puesta de relieve por el clínico a propósito del pasaje al acto —hemos visto algunas citas que lo prueban en el trabajo de Sauvagnant—, esa mutación subjetiva propia del pasaje al acto, es de algún modo ejemplar.

Esto requiere evidentemente que sea suspendido el primer movimiento que se podría tener de, por así decirlo, impedir el pasaje al acto. Impedirlo, también analizarlo...

La preocupación de Lacan por el acto está también en el centro de un seminario de reciente publicación, *La ética del psicoanálisis*,[3] en la medida en que la ética no concierne en primer lugar a los pensamientos. Concierne a los actos, es decir, a aquello que se hace en tanto que es susceptible de un juicio. A este respecto la clínica tiene algo que decir, a partir del momento en que sabemos bien bajo qué forma neurótica la cuestión

2. J. Lacan, «El acto analítico, 1967-1968, reseña del Seminario» en *Autres écrits*, Seuil, París, 2001.

3. J. Lacan, *El Seminario. Libro VII: La ética del psicoanálisis,* Seuil, París, 1986. Paidós, Buenos Aires, 1988.

ética puede llegar al pensamiento. De tal suerte que un sujeto puede mostrarse ocupado o suspendido de una incesante evaluación de lo bien fundado de sus actos, del acto que va a realizar o no, hasta la obsesión. Esto tiene como consecuencia un estilo de inhibición, de aplazamiento, de reacción que, como es sabido, es susceptible de quebrarse bruscamente bajo el modo de la prisa, en una precipitación para actuar. Conocemos clínicamente esta báscula de la inhibición y la procastinación hacia la prisa y la urgencia, como nos enseña la clínica de la neurosis obsesiva.

Pues bien, quizás esta alusión bastaría para mostrarnos que, contrariamente a lo que cierta filosofía que seguramente ustedes conocen nos indicaría, hay una antinomia entre el pensamiento y la acción.

Es precisamente esta antinomia la que le da la fuerza que tiene al ideal de conducta racional que está especialmente valorizada por una elaboración cada vez más perfeccionada de la estrategia matemática, derivada de diversas maneras de la teoría de los juegos.

¿Qué es lo que hay que decir precisamente en cuanto al acto?

Actualmente hemos formado el ideal de un cierto tipo de actos que siempre responderían a una deliberación científica, de tal suerte que la acción se vería reabsorbida por el pensamiento, con la condición de que este pensamiento fuese científico, matematizado o simplemente racional. Una acción que correspondería, pues, al ideal, digamos de acción calculada que, en definitiva, aparecería como la conclusión de un razonamiento o la conclusión misma de una demostración. Este ideal supone, claro está, que el pensamiento funcionaría en una suspensión temporal y que, fíjense, una vez hecho el cálculo que hace falta, resultaría de él como la conclusión de una demostración.

Ahí es donde la clínica tiene algo que decir. Sobre este punto, la clínica del pasaje al acto nos recuerda la inscripción temporal inevitable del acto, especialmente bajo el modo de la urgencia.

En definitiva, en relación con ese ideal de la acción calculada, de la que se hace un patrón según el cual medir la inadaptación del acto, o incluso su inmotivación como expresa la psiquiatría, todas estas elaboraciones que ponen a la acción en continuidad con el pensamiento tienen una condición previa: es que la función de lo que se pone en juego en el acto sea considerada como establecida de antemano, de modo que la naturaleza de lo que se pone en juego no sea equívoca y que pueda entrar en el cálculo como uno de sus elementos.

Es sabido lo que representan en el mundo en que vivimos esos cálculos que se hacen aquí, quiero decir en el hospital psiquiátrico, y además penetran cada vez más un mundo que en ciertas épocas, a juzgar por el lugar en el que estamos, tenía su lado algo pueblerino, ¿no les parece?

Los cálculos de rentabilidad tal como los vemos surgir hace unos cinco o seis años, hacen pensar que esta filosofía de la que hablamos no ha dejado de ser puesta en funcionamiento en la realidad, es decir, en un cálculo de lo que hay que hacer, fundado en la maximización del bien y en la rentabilidad. Esto hace que tengamos simplemente un modelo de la acción que es la gestión y que la psiquiatría está organizada cada vez más por una voluntad de este tipo, una voluntad empresarial que se encarga efectivamente de cifrar las opciones.

¿Cuáles son, pues, las consecuencias de esta condición previa, la de que se sepa lo que está en juego en la acción, lo que debe estar en juego en la acción?

Lo que supone fundamentalmente esa atención que se recibe en ese marco de gestión es que el sujeto del pensamiento, el que va a actuar y a distribuir sus recursos, por ejemplo, quiere fundamentalmente el bien, que quiere fundamentalmente su propio bien, que actualmente se identifica como lo útil. Es ahí donde se puede medir la adecuación de los actos y, especialmente, que llegue a suceder que el sujeto —¡sí!— se perjudique a sí mismo.

¿Es esto la excepción o es la regla del acto?

De acuerdo con Lacan, la clínica del acto pone en cuestión ese postulado de que el sujeto, el sujeto del pensamiento, quiere su propio bien y, tras la exposición de D. Cremniter, no les sorprenderé si erijo frente al ideal de la conducta racional que inspira especialmente nuestro mundo actual, si erijo frente a ese ideal al acto suicida.

Si hay algo que verdaderamente se opone a ese ideal es precisamente la autodestrucción... pero quede claro que la conducta racional cuanto más avanza más desemboca exactamente en el mismo resultado y a una escala mucho mayor. Puesto que ahora tenemos a nuestra disposición, en esta vía racional, una acumulación de medios de autodestrucción que van más allá del individuo y se extienden hasta la humanidad...

EL ACTO APUNTA AL CORAZÓN DEL SER

Abordemos el acto suicida. Lacan, de este acto suicida hace el modelo del acto. Piensa el acto no a partir de la asignación óptima de los recursos; piensa el acto a partir del suicidio y hace de él el paradigma del acto propiamente dicho. Digo el suicidio y no añado psicótico, perverso, neurótico, heroico; no hay por qué detenerse, hay suicidios heroicos, ¿no?, pero eso aquí no importa.

En el punto en el que estoy es suficiente con indicar que hay algo en el sujeto que es susceptible de no trabajar por su propio bien. Susceptible de no trabajar por lo útil, sino que, por el contrario, trabaja para la destrucción.

Pues bien, todo acto verdadero, en el sentido que Lacan le da es, digámoslo así, un «suicidio del sujeto». Podemos ponerlo entre comillas para indicar que puede renacer, pero diferente. Esto es lo que hace que un acto lo sea en sentido propio, que el sujeto no es el mismo antes que después. Esto es lo que justifica el término de *mutación*, y aquí lo llevo hasta el extremo, hasta el fin suicida. Quizá será más aceptable a sus oídos si digo que todo acto verdadero, todo acto que no sea solo agitación, movimiento, descarga motriz, todo acto verdadero, todo acto que marca, que cuenta, es transgresión.

Si se quiere, todo acto verdadero es delincuente. Es algo que se observa en la historia, que no hay acto verdadero que no comporte un franqueamiento. ¿Un franqueamiento de qué? De un código, de una ley, de un conjunto simbólico respecto del cual es poco o mucho una infracción; y es precisamente el hecho de constituir una infracción lo que permite a ese acto tener una posibilidad de modificar esa codificación.

La idea de que todo acto verdadero es de hecho un suicidio del sujeto es una concepción que puede ciertamente parecer desorbitada, pero hay que reconocer que es conforme a lo que dijo Freud. Al menos en la medida en que esta concepción se adecua a la noción de pulsión de muerte. El concepto de acto en Lacan es un concepto, hay que decirlo, relacionado con la pulsión de muerte. Ciertamente el acto suicida ilustra la disyunción total que puede operarse entre, de un lado el organismo, los intereses de su ser vivo en su supervivencia, en su bienestar, en su homeostasis, y de otro lado algo que lo habita, lo carcome y, llegado el caso, lo destruye.

Esto quiere decir que el bienestar, el placer, el provecho del ser vivo, en todo caso su mantenimiento en la existencia, no se sostiene en un valor absoluto. El suicidio, ya sea patológico o heroico, se reúne en cortocircuito con esa zona central y a la vez excluida del mundo subjetivo, a la que Lacan ha dado el nombre de goce.

El goce es un concepto necesario, al menos para ordenar lo que Freud nos aporta, que en el síntoma, ese que como terapeutas queremos curar, el sujeto se sostiene —en ocasiones lo ama como a sí mismo—, es lo que Freud decía del delirio para el delirante.

Se empeña en su síntoma que sin embargo le hace daño. Ésta es la forma más simple de decir lo que justifica que deba introducirse un concepto distinto, el de un goce que no puede ser confundido con el placer porque el síntoma hace daño. Se trata de un goce no aliado con el placer, sino con el dolor, una satisfacción en el dolor que, en ocasiones, hace mal al organismo hasta el punto de que cuando ese goce cobra autonomía, lleva a la muerte.

En este sentido el heroísmo, del que decía Lacan que es una sublimación, no excluye la voluntad de goce, sino, por el contrario, da testimonio de ella en el hecho de que se pueda por eso sacrificar hasta la vida. Es el triunfo de la pulsión de muerte, o si se quiere, la afirmación desesperada del goce.

Ya con esto se puede distinguir el acto de la acción, del movimiento.

Lacan denomina acto a lo que apunta al corazón del ser: el goce. Es el suicidio, podría ser el crimen, por qué no llamarlo así. Hoy mismo, al hablar de los asesinatos inmotivados, también se ponía esto en función, el atentado contra el goce supuestamente nocivo del Otro, que es lo que se encuentra en el principio mismo de las raíces inconscientes del racismo.

Con todo esto, el término de «pasaje al acto» parece del todo pertinente. Señala que se dejan de lado los equívocos del pensamiento, de la palabra y del lenguaje en favor del acto. En el acto, si lo pensamos a partir del pasaje al acto, el sujeto se sustrae, digámoslo así, tanto a los equívocos de la palabra como a toda dialéctica del reconocimiento, produce un atolladero en el Otro y, por eso, lo que está en juego en el acto propiamente dicho no puede cifrarse; por el contrario, es exterior al universo de los cálculos, de los cómputos, de las equivalencias y de los intercambios: apunta a lo definitivo. Digamos que, en el centro de todo acto propiamente dicho, es el pasaje al acto lo que, está ahí para nosotros como paradigma.

En el centro de todo acto hay un ¡no!, un no proferido hacia el Otro.

Esto requiere, claro está, que se distinga rigurosamente entre el pasaje al acto y el *acting out* que sucede siempre en el contexto de una escena.

Se puede hablar con propiedad de *acting out* en la relación analítica, por ejemplo, pero también en toda relación de dominio, de comunicación terapéutica, se puede hablar de *acting out* cuando hay un escenario. Este escenario es la palabra y el sujeto se pone a actuar en esa escena bajo la mirada del Otro. Le hace falta el Otro, le hace falta el espectador.

En el pasaje al acto, por el contrario, ya no está el espectador. Hay una desaparición de este escenario y podemos decir que el sujeto está eventualmente muerto. Será él, muerto, quien mirará a los otros y les planteará su pregunta y les hará sentir el porqué de su mirada.

Es precisamente por eso por donde el acto, para resumir, es siempre *auto*. Un acto de autocastigo; es por ahí por donde Lacan empezó su carrera de psiquiatra, por el autocastigo. El acto es siempre auto, es decir que es, precisamente, lo que le separa del Otro.

EN LA EXPERIENCIA ANALÍTICA, EL ACTO ES UN ACTO FALLIDO

Digamos que es así como Lacan concibe el acto analítico. Cuando dice que el analista no se autoriza más que en sí mismo, eso tiene la misma estructura que el suicidio. Es por lo que Lacan ha podido formular que el único acto que puede ser logrado es el suicidio, al precio de no querer saber ya nada de nada, es decir, de separarse efectivamente de lo que he llamado los equívocos de la palabra y la dialéctica del reconocimiento. Esto se opone, hay que decirlo, en este sentido, al psicoanálisis que es un pasaje al acto fallido. El estatuto del acto en la experiencia analítica, el estatuto eminente del acto, es el acto fallido y no el acto logrado.

¿Qué es el acto fallido sino que el pensamiento inconsciente emerge en el pensamiento, en la palabra, en el cuerpo, y desplaza el acto, le hace decir otra cosa? Es por eso que el suicidio, por el contrario, es un acto límite. Es también por ello que, para orientarse en este asunto del acto, parece necesario en primer lugar plantear la antinomia del pensamiento y el acto, e incluso la antinomia entre inconsciente y acto. La esencia del pensamiento cuando se capta a partir del inconsciente es la duda. Es lo que dice Freud: a partir del momento en que hay represión, no se piensa más que en el elemento del «no sé». El sujeto está, en el nivel del pensamiento, de manera fundamental, en la indeterminación. Lo vemos en sus sueños: el sujeto en ellos no sabe dónde está.

Si la esencia del pensamiento es la duda, la obsesión está ahí encarnándola ante nosotros, la esencia del acto es, por el contrario, la certeza. Por ejemplo, en la experiencia analítica, se precisa la interpretación del analista para obtener una determinación. Y, por poco prolija que sea dicha interpretación, complementa y es lo único que hace posible la experiencia.

En este sentido, la antinomia entre el pensamiento y el acto no debe impedirnos captar las conexiones entre el acto y el lenguaje. Si bien el acto lo he presentado aquí como mudo, como en ese paradigma horrible del suicidio, el acto no tiene otras coordenadas que las del lenguaje. Un acto que lo sea, no es pues agitación, reflejo, descarga motriz; un acto es siempre un pasaje, es siempre un franqueamiento.

Por eso podemos decir simplemente que el hecho de poner un pie delante del otro es distinto que el acto de pasar un umbral. Formalmente no hay diferencia entre caminar con ayuda de las piernas y después pasar un umbral, el umbral de un edificio o el umbral del Rubicón, por ejemplo.

Por otra parte, yo vi el Rubicón una vez. Les aseguro que lo busqué porque había oído hablar de ello desde hacía tiempo. Está anunciado previamente cuando se llega, por pequeños cafés italianos que se llaman *alea jacta est*, etc., está anunciado por todo un mundo de significantes. Entonces uno espera ver el Rubicón como el Niágara o así y resulta que uno debe inclinarse y no ve más que un pequeño hilillo de agua absolutamente miserable.

No es porque fuese materialmente difícil de franquear el Rubicón, como los Alpes para Aníbal, por lo que el acto de César constituyó una noticia en el mundo, es pura y simplemente porque era el límite autorizado para los ejércitos exteriores a Italia, el límite a partir del cual se cometía infracción. En este sentido, como decía, no hay acto si no hay franqueamiento de un umbral significante.

Es por ello que el acto, que he presentado como mudo, no toma sin embargo su valor y sus coordenadas más que de un universo de lenguaje. Era preciso que previamente hubiera esa ley romana para que César hiciese el acto, para que eso que él hacía fuese un acto y no simplemente la acción de salvar un arroyo miserable. Parece que en invierno el Rubicón posee un poco más de fuerza pero, en fin, no parece que la cosa vaya demasiado lejos.

Esto es lo que justifica fundamentalmente la definición de Lacan de que el acto tiene siempre el lugar de un decir. Esto quiere decir que no es suficiente con un hacer para que haya acto, no es suficiente que haya movimiento o acción, es preciso que haya también un decir que enmarque y que fije ese acto. Evidentemente uno puede fascinarse con los momentos en que, como suele decirse, decir es hacer. Ya saben ustedes el interés que se han tomado ciertas filosofías analíticas y lingüísticas por los hechos, que sea suficiente decir «yo prometo» para que la promesa esté ahí. En este caso tenemos una confusión completa entre el decir y el hacer, es el sueño de una reabsorción completa del acto en el significante.

Pero aquí vamos a retener que lo que es preciso para que haya acto es que el sujeto mismo sea transformado por este franqueamiento significante. Digamos que se precisa una escansión significante, una sanción significante y, al mismo tiempo —y es por ello que el suicidio constituye su paradigma—, el acto es como tal indiferente a su futuro, como tal está fuera de sentido, es indiferente a lo que vendrá después. En el fondo, un acto es *sin después*, un acto es en sí. Lo que viene después es ya otro quien lo lleva a cabo; César ya no es el mismo del lado de acá y del lado de allá del Rubicón.

Por tanto, en este sentido, hay una desaparición del después porque, a continuación, renace distinto. Digamos que el acto, cuando hay uno, lo que desgraciadamente es raro, siempre es recuperado retroactivamente por la significación.

Cuando hay verdaderamente un acto que cuenta, se hace de él una epopeya. Pero la epopeya es siempre, sin embargo, la irrisión del acto. Es lo que los ingleses habían percibido muy bien con lo que llamaron obras heroico-cómicas que, efectivamente, siempre ponían de relieve el aspecto de irrisión que toda epopeya comporta.

Esto lo encontrarán ustedes en una obra que acaba de aparecer, *La historia del psicoanálisis*, de la señora Roudinesco.[4] Su historia del psicoanálisis es la epopeya de J. Lacan. Hay que decir que esta historia de J. Lacan es también una irrisión. Qué otra cosa podría ser teniendo en cuenta que no recoge su historia del psicoanálisis sino a partir de la historia, hay que decirlo, miserable, de sus instituciones, tomando la historia del psicoanálisis a partir de la fascinación que ella tiene por el poder.

Desde ese punto de vista es verdaderamente grotesca, ¿no les parece? Si se ve el psicoanálisis desde el punto de vista del significante-amo, hay verdaderamente un irresistible efecto de irrisión. Lo es hasta el punto de que, para decir que a partir de 1967 mucha gente hizo el acto de entrar en análisis, es decir, al menos tenderse sobre los divanes, la señora

4. É. Roudinesco, *La batalla de los cien años: historia del Psicoanálisis en Francia,* Fundamentos, 1988.

Roudinesco habla de «el reclutamiento en masa de la juventud psicoanalítica francesa», A la hora de calificar el acto, una cosa así no deja de ser una irrisión.

En el fondo, esa epopeya que rodea lo que fue el acto de Lacan... uno percibe que el éxito que coronó este acto de Lacan, ese éxito en el que al mismo tiempo quedaba completamente camuflado el deseo propio que sostenía Lacan en todo eso y que no era en absoluto un deseo de poder —si solo hay eso hay otras cosas que hacer que psicoanálisis— en el fondo, el lado fallido en este asunto es muy evidente, y es el secreto del éxito de Lacan, del éxito de su acto: es que falló en líneas generales, a la hora de atraer a los psicoanalistas internacionales hacia el camino que él seguía.

Pero, con todo, podemos percibir que, en el fondo, Lacan no tomó nunca la iniciativa. Su acto de afirmación, su acto de autonomía del psicoanálisis en relación con los internacionales, este acto no lo hizo sino reducido a su propia deyección. De hecho fue en posición de rechazo, cuando precisamente había sido rechazado por el Otro, cuando él se encontró en esta posición de «pasar al acto», cuando pudo elaborar algunos de los puntos más preciosos de su enseñanza y, con ello, revelar quizá lo que es en cierto modo el verdadero Lacan.

PREGUNTAS

FRANÇOIS LEGUIL: Usted ha mostrado la profunda dificultad para impedir un acto que, a menudo, no se alcanza verdaderamente a prever. Las grandes síntesis de la clínica clásica se ocuparon en describir y juntar ciertas «series» de signos que permitiesen una relativa «prevención». Pero los clínicos —especialmente los psiquiatras que se ven convocados en primera línea en esta peligrosa coyuntura— admiten que el aspecto estrictamente indispensable de elaboración de estos saberes no les impide permanecer en la incertidumbre. ¿De qué manera la práctica del psicoanálisis puede contribuir a afrontar esa limitación casi estructural de nuestros conocimientos?

J.-A. MILLER: No estoy seguro de que la cuestión de impedir se plantee en la práctica. Para impedir es preciso saber de qué se trata. Por ejemplo, puede ser útil a tal fin distinguir radicalmente, y es lo que se suele hacer, el suicidio logrado del suicidio fallido, considerar al menos que hay suicidios y suicidios.

Con todo, existe el suicidio *acting out*, el suicidio que es una llamada al Otro y que, digamos, salvo en caso de torpeza es fallido y el suicidio que es una separación con respecto al Otro. Hay ahí una orientación que es preciso tener en cuenta para evaluar el anuncio de suicidio y, llegado el caso, adivinarlo, anticiparlo precisamente en el punto en el que desaparecería un cierto tipo de aviso. Es lo que se hace generalmente en la práctica y lo que se trataría tal vez de ordenar. Se trata también de reconocer el suicidio que hay que prevenir cuando se anuncia como solución de la duda allí donde sin embargo no está en absoluto en primer plano.

Llegado el caso es una lección, por qué no decirlo, de humildad como terapeuta, reconocer que no se puede impedir. Vi a Lacan en el Hospital de Sainte-Anne, tal vez ustedes también, en algunas presentaciones de enfermos, considerar que había ciertas personas a las que no era posible sostener, que acabarían por encontrar su destino, su destino de desaparición. Evidentemente eso llenó a los asistentes de sentimientos penosos, pero creo que D. Cremniter también lo ha dicho prácticamente, el hijo no deseado puede sentir una vocación hacia la desaparición, ante la cual los psiquiatras o el psicoanalista son de hecho impotentes para obtener efecto alguno. Respondo rápidamente. Lo que hubiera debido de abordar es, evidentemente, la problemática del impedimento.

ENCRUCIJADAS SUBJETIVAS

ESTELA PASKVAN

«JUMPERS»

Un documental escrito y dirigido por Eric Steel titulado *The bridge*[1] ha sido objeto de debate en algunos foros de Internet. La película registra diecinueve suicidios reales en el puente de California, el Golden Gate, el lugar del mundo donde se produce el mayor número de suicidios. En primer lugar es interesante saber cómo el director concibió su proyecto.[2] Fue después de la lectura del reportaje «Jumpers» del periodista Tad Friend en *The New Yorker*.[3] Este artículo logra de manera excelente transmitir el «clima» del puente, como también la polémica que provocan los actos suicidas que allí se realizan. Los testimonios y declaraciones recogidos revelan un reportaje de calidad. Después de su lectura, Steel quedó capturado y así planeó el documental. Colocó varias cámaras en puntos estratégicos del puente y rodó a lo largo de un año. Dice que si veía suficientes casos sería capaz de poder grabar «los demonios interiores que todos llevamos dentro». Quería no solo mostrar, sino también entender.

La cinta —que logra integrar la fascinación del entorno y el drama silencioso— registra diferentes maneras de «saltar», como también los momentos previos. Algo destaca: la mayoría no parece dudar. Pero la

1. Atrajo mi atención sobre el tema un artículo de Álvaro Colomer publicado en el suplemento «Culturas» nº 315 de *La Vanguardia* del 2 de julio de 2008.

2. Puede encontrarse información en <http://www.thebrigde-themovie.com>.

3. <http//www.newyorker.com/archive/2003/10/13/>.

polémica que existe alrededor del puente se extendió a la película: ¿por qué no evitó algunos suicidios llamando a la policía? ¿No existe acaso el deber de socorro? ¿Mostró la película a los familiares que entrevistó? Entramos en el terreno de la ley y la moral.

UNA DIMENSIÓN ÉTICA

Es fácil extraviarse cuando se escucha a personas que manifiestan explícita o implícitamente intenciones suicidas. Somos convocados a intervenir ¿pero cómo hacerlo de la mejor manera? Es quizá la circunstancia que más nos confronta con nuestros prejuicios, es decir, aquello que puede alejarnos de nuestra ética. Entendamos que «nuestra ética» se refiere al discurso psicoanalítico que implica el deber de sostenerse allí. Hay una orientación para los psicoanalistas y es la lacaniana, ya que nos vuelve a situar en esa dimensión ética que se juega en un único terreno, el del decir.

Cuando Lacan respondía en 1973 a las tres preguntas kantianas —¿qué hacer, saber, esperar?— se refirió expresamente al suicidio. La respuesta condensaba su enseñanza de años relativa al acto y ponía en juego diferentes conceptos. Dijo que el suicidio es un acto «...que procede de la decisión tomada de no saber nada».[4] Ese rechazo ¿a qué saber se dirige? Es precisamente a la experiencia del inconsciente, donde el sujeto comprueba que en lo que dice surgen articuladas algunas verdades. Puede negarlas, «yo no soy eso que dije, soñé, fantaseé, etc.», pero esta negación de los deseos inconscientes es formulada por quienes aceptan hablar, traer a la representación y el pensamiento sus angustias, sus inhibiciones, sus dudas y sufrimientos. Aceptan «el deber de bien decir o de reconocerse en el inconsciente, en la estructura».[5]

No es ésta una posición «natural», no es lo que hacen los sujetos en su vida cotidiana, no piensan en «su inconsciente». La elección prima-

4. Lacan, Jacques, *Radiofonía &Televisión*, Anagrama, Barcelona, 1980, p. 131.
5. *Ibid.*, p. 107.

ria pasa por la alienación al «no pienso» y solo por la operación de la transferencia los sujetos pueden cambiar de posición para aceptar hacer la experiencia del «no soy», del saber inconsciente que los determina.[6] Como veremos, el rechazo a hablar precipita el acto, y más definitivo es cuando no falla, cuando tiene éxito, cuando es un suicidio logrado. ¿Por qué es exitoso? Porque la intención de no saber se ha cumplido y ya nadie sabrá nada.

¿LIBERTAD PARA ELEGIR?

Muchos de los pacientes que relatan sus tentativas de suicidio dicen no saber qué les ocurrió o también minimizan esos intentos, le quitan importancia. Es el caso de Clemente, que en las primeras entrevistas, cuando habla de su pasado, se refiere a un acto suicida en la pubertad. Hubo que insistir en las preguntas —aunque con cierta precaución, porque no siempre el recuerdo puede tener el efecto que esperamos— para que las coordenadas simbólicas pudieran enmarcar ese acto. Ocurrió en el momento de separación de sus padres, cuando los hijos se repartieron entre los dos. «¿Pudo usted elegir?», no recuerda. Clemente dice que

6. Jacques Lacan dicta durante el año 1966-1967 el seminario «La lógica del fantasma» (inédito). Parte del cógito cartesiano para someterlo a las transformaciones del grupo de Klein. En primer término, recurriendo a la lógica, por la ley de De Morgan niega la intersección de las dos proposiciones (pienso, soy) y establece una elección forzada: o no pienso, o no soy. En segundo término, se establecen tres operaciones: alienación, verdad, transferencia. Se puede dibujar el siguiente grafo teniendo en cuenta los que aparecen en el seminario, así como su reseña de enseñanza (en *Autres écrits*, Éditions du Seuil, París, 2001, pp. 323-325).

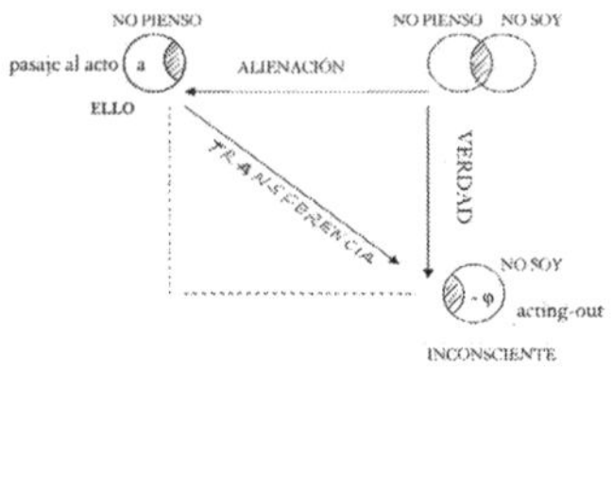

fue una tontería de adolescente, un querer llamar la atención. «¿Con quién le hubiera tocado vivir?». Cree que con su padre, pero no lo sabe. Solo recuerda que intentó cortarse las venas. «¿Fue a vivir con su padre?», «No, finalmente me quedé con mi madre». Después de reconstruir con su relato la constelación familiar donde destacan los rasgos despóticos y transgresores de ese padre, Clemente concluye con una primera interpretación de lo que le sucedió: en momentos clave no puede decidir, es una constante en su vida.

Un año después de este relato, y ya en tratamiento, otro momento crucial arrojará una nueva luz. El sujeto se encuentra ahora en una nueva encrucijada: un traslado y un cambio de horarios en su trabajo lo sumergen en un estado de angustia insoportable. Logra una cierta calma cuando se le dice que tiene derecho a pedir otras condiciones, que puede cambiar la situación, etc. Finalmente, después de evaluar las posibilidades, comprueba que todo depende de una llamada suya para reclamar. Pero Clemente revela su dificultad para hacerla; la figura de un Otro terrible se le impone, se queda sin voz. Su trabajo en las sesiones pasó fundamentalmente por enumerar los rasgos adjudicados a ese Otro y la «confusión» con el padre, que lo sometía a un trabajo agobiante y sin descanso. Tenemos ahora una nueva interpretación de lo que se jugó en su pubertad: Clemente no podía decir nada frente a ese Otro que lo apabulla; ante la inminencia de sucumbir al goce de éste, pasó al acto.

EL TIEMPO DEL DUELO

La lectura del texto de Freud «Duelo y melancolía» sigue siendo imprescindible para los clínicos por múltiples razones. La primera de ellas —y en lo que nos concierne ahora—, porque es de rigurosa actualidad cuando se abordan los estados depresivos que conducen al suicidio. El propósito de Freud fue explícitamente formulado: esclarecer la esencia de la melancolía comparándola con el duelo puesto que hay un paralelismo en los afectos.

De la primera comparación de los dos estados, el de duelo y el melancólico, surgen las siguientes similitudes: por regla general es la reacción ante un pérdida, ya sea de una persona amada o de algo equivalente: la patria, la libertad, el ideal, etc. Dicha reacción la resumimos así: ánimo doloroso, disminución del interés por el mundo exterior, pérdida de la capacidad de amar, inhibición de la productividad. Freud detectaba de entrada una diferencia con la melancolía, en la que hay una alta perturbación de lo que llamamos el amor propio y sobre lo que luego volverá. Entonces, si hay tantas similitudes, Freud se preguntaba por qué consideramos normal el proceso de duelo y no nos parece patológico. Su conclusión es que solo se debe a que podemos explicarlo bien. Podemos entender —decía Freud— que si una persona está de duelo, estas inhibiciones en diversas esferas de su vida se deben a que está concentrada en esta tarea y que eso requiere un tiempo, el tiempo del duelo.

¿En qué consiste ese trabajo? Freud lo explicaba como el retiro de la libido que está ligada al objeto perdido, solo así existirá la posibilidad de volver a investir otro objeto. Para ello es necesario todo un trabajo que no es sin dolor; pasa por realizar algo así como una «deconstrucción» del objeto, rasgo a rasgo, a fin de poder soltar las amarras. En realidad, se hace por segunda vez la pérdida del objeto amado, pero ya no por accidente del destino. Al final de este tiempo necesario, el trabajo del duelo se ha cumplido.

Hay que decir que lo que se consideraba «normal» en la época de Freud, no parece ser así en la nuestra. Todos los estados depresivos son considerados «patológicos», sin distinciones. La prescripción de los antidepresivos sin evaluar cada caso responde a esta apreciación. Las exigencias de sentirse feliz anulan ese tiempo necesario en muchísimas ocasiones. No es extraño comprobar el aumento de ciertas «melancolizaciones», cuando no de algunas conductas suicidas que se presentan como accidentes, enfermedades, adicciones, etc. La clínica revela, en no pocos casos, su relación con pérdidas subjetivas a las que no se les dio la oportunidad del duelo.

«LA SOMBRA DEL OBJETO CAYÓ SOBRE EL YO»[7]

Cuando Freud aborda la melancolía continúa por el mismo camino: ¿por qué nos parece patológico? Al igual que el paciente no podemos saber, discernir con precisión lo que perdió; en muchos casos «...sabe a quién ha perdido, pero no lo que perdió con él».

Llama la atención la extremada rebaja en su sentimiento yoico, el sujeto se hace reproches, se denigra y puede llegar hasta los delirios de indignidad o insignificancia.

Resumiremos sus argumentos, aunque —repetimos— el texto merece ser leído, es muy rico en detalles clínicos. La tesis central es que el vínculo libidinal, por ejemplo a una persona determinada, por obra de una afrenta real o un desengaño, sufre una conmoción. Pero la libido así libre no fue desplazada sobre otro objeto, sino que se retiró sobre el yo. Surge así una identificación del yo con el objeto abandonado. Entonces pueden entenderse los reproches sobre sí mismo y las autopuniciones: corresponden a un otro y han sido vueltos contra el propio yo. Freud argumenta con los conceptos y tiene en 1915, entre los que el narcisismo ocupa un lugar central. Sin embargo, al tratar de aislar el mecanismo sin dirimir entre psicosis o neurosis, el texto es aún útil para entender algunos casos donde ciertas conductas autopunitivas llaman la atención.

EL PASAJE AL ACTO DEL MELANCÓLICO

Lacan se refiere explícitamente a este texto freudiano en más de una ocasión. Pero abordemos ahora una referencia muy esclarecedora en su seminario en 1963.[8] Dice que, para entender la diferencia que Freud

7. Freud Sigmund, «Duelo y Melancolía», en *Obras Completas*, Biblioteca Nueva, tomo II, p. 2.095.

8. Lacan J., *El Seminario: Libro 10. La angustia*, Paidós, Buenos Aires, 2006, pp. 362-363.

hace entre el duelo y la melancolía, es preciso distinguir el objeto *a* del *i(a)*. Recuerda que todo amor está narcisísticamente estructurado en la medida en que se sostiene de la imagen del «yo ideal», es decir, del *i(a)*. Pero el objeto *a*, está enmascarado por lo imaginario, el ideal, como la misma escritura lo indica. Entendamos que también en el fantasma es reconocible esa estructura imaginaria que encubre el ser del objeto. Lacan apuntará hacia allí para describir tan certeramente el pasaje al acto del melancólico.

En el melancólico, como Freud lo indica a su manera, es el objeto «ignorado» el que triunfa. ¿Y cómo lo hace? «...exige al melancólico pasar, por así decir, a través de su propia imagen, y atacarla en primer lugar para poder alcanzar dentro de ella el objeto *a* que la trasciende, cuyo gobierno se le escapa —y cuya caída lo arrastrará en la precipitación-suicidio, con el automatismo, el mecanismo, el carácter necesario y profundamente alienado con el que, como ustedes saben, se llevan a cabo los suicidios de melancólicos. Y éstos no se llevan a cabo en un marco cualquiera. Si ocurre tan a menudo en una ventana, o a través de una ventana, no es por azar. Es el recurso a una estructura que no es sino la del fantasma».

«¿PUEDE PERDERME?»

Otra cosa sucede cuando se pone en juego la dialéctica del deseo y entonces es con la falta con quien tenemos que vérnoslas. Si el sujeto surge tan estrechamente vinculado al deseo del Otro, el de los padres en primer lugar, ¿cómo captar qué desean? No será exactamente en sus dichos, sino más bien en lo que no encaja en ellos, en las fallas del discurso del Otro, donde el deseo se aloja y se escabulle. A este punto de la falta percibida, el sujeto responde con la suya, con su propia falta. «El primer objeto que propone a ese deseo parental cuyo objeto no conoce es su propia pérdida —¿Puede perderme? El fantasma de su muerte, de su desaparición, es el primer objeto que el sujeto tiene para poner en juego en esta dialéctica y, en efecto, lo hace

—como sabemos por muchísimos hechos, la anorexia mental, por ejemplo».[9]

Si bien esta referencia es importante para entender ciertas conductas de los niños, la estructura es reconocible en muchos *acting out* cuando se ponen en juego el amor y el deseo. La pregunta ¿puede perderme? puede ser leída en numerosos intentos de suicidio. Estimar que están dirigidos a un Otro, que son un *acting out*, en el sentido de «actuación, representación», no puede implicar que le restemos importancia. Hay que tomar en serio toda tentativa de suicidio, y más aún cuando se muestra proclive a entrar en la vía de la repetición. Que el sujeto pueda decir para traer a la luz las determinaciones de su acto es la tarea «preventiva» más eficaz.

EPIDEMIAS SUICIDAS

A principios de este año, las agencias de prensa se hacían eco de la noticia aparecida en los diarios británicos.[10] El suicidio de una joven en Bridgend elevaba a diecisiete las muertes de adolescentes ocurridas en esa región del sur de Gales en aproximadamente un año. La cifra inquietante supera con creces las estadísticas que se tienen del lugar. Se busca establecer una conexión entre los jóvenes y se disparan todo tipo de especulaciones. La investigación policial revela que muchas de las víctimas visitaban el mismo sitio en Internet. ¿Pacto suicida? Los testimonios de algunos amigos de los jóvenes lo niegan; hay que creerles. Entonces ¿por qué estos actos en cadena? La policía entra en el ordenador personal de Natasha Randall, una joven de diecisiete años, que fue encontrada ahorcada en la habitación de su casa. Busca los mensajes que escribió antes de su muerte y encuentra los que están dedicados

9. Lacan J., *El Seminario. Libro 11: Los cuatro conceptos fundamentales del psicoanálisis*, Paidós, 1987, p. 222.

10. Se pueden consultar los artículos de *The Guardian* del mes de febrero de 2008 en <http://www.guardian.co.uk>.

a Liam Clarke, cuyo cuerpo sin vida había aparecido en un parque de Bridgend. En varios mensaje escritos por la joven se lee: «Descansa en paz, querido Clarke». Una amiga de Natasha aseguró a la policía que estos mensajes no hacían referencia a un pacto de suicidio, sino a un acto de solidaridad romántica entre ellos. Sin pretender explicar las causas subjetivas que llevaron a esta joven a colgarse, algo atrae la atención. A las pocas horas de su muerte, se constituyó un sitio en Internet con su nombre en el que se le rindió homenaje mediante fotografías y poemas. Este sitio de Natasha tuvo en un solo día alrededor de 3.000 visitas. Los psicólogos consultados temen que se esté mitificando los suicidios de los adolescentes y que se les esté rindiendo homenaje a través de la Red. Desde nuestra perspectiva, este temor está justificado. En 1958, Lacan lo explicaba así: «...tan pronto el sujeto está muerto se convierte para los otros en un signo eterno, y los suicidas más que el resto».[11] Para ello es preciso entender que la muerte física de un individuo no significa necesariamente su muerte simbólica. El sujeto puede decidir abolirse, salir del mundo de los vivos y conseguir —incluso a su pesar— eternizarse como símbolo. La figura del héroe trágico es el modelo.

«EL DOLOR DE EXISTIR»[12]

Cuando Lacan se ocupa de Antígona, la heroína de la tragedia de Sófocles, se refiere al «entre dos muertes» retomando una expresión que figura en el Apocalipsis de san Juan. Este espacio resulta precisamente de diferenciar su muerte simbólica —cuando elige entrar en su tumba por la condena de Creón— de la muerte física que será efectiva después. La belleza de la obra surge en todo su brillo cuando atraviesa ese límite y se interna en ese otro espacio de los infiernos.

11. Lacan, Jacques, *El Seminario. Libro 5: Las formaciones del inconsciente*, Paidós, Buenos Aires, 1999, p. 254.

12. Lacan, J., «Kant con Sade», en *Escritos 2*, Siglo XXI, México, 1989, p. 756.

Pero también es el infierno al que se refieren ciertas melancolías: no poder morir, estar condenados a un sufrimiento eterno. A ellos se refiere Lacan cuando habla del sueño de un paciente donde experimenta «un renacimiento inagotable, hasta el fondo del dolor de existir». Jules Cotard lo reconocía en ciertos delirios melancólicos que calificaba de hipocondríacos: estos sujetos pueden sostener ideas delirantes acerca de su cuerpo —descomposición, falta de determinados órganos, etc.— y experimentar ese tormento como sin fin. No pueden salir de la zona infernal, la muerte liberadora nunca llega.

En nuestra experiencia clínica, ese dolor de existir se pone en juego en muchos casos en los que se comprueba esa tendencia irresistible al suicidio. Es reconocible, por ejemplo, en el carácter específico de la reacción terapéutica negativa que se presenta en algunos sujetos. O en aquellos caracterizados por el hecho de haber sido niños no deseados y que rechazan «esa cadena significante en la que solo a disgusto fueron admitidos por su madre».[13] En cierta manera, se pone en juego la sentencia del héroe trágico: «mejor no haber nacido».

CASO POR CASO

Las tasas de suicidio son una preocupación importante en el ámbito de la salud mental, y los programas de prevención crecen a su medida. Nuestra clínica sigue apostando por el caso por caso, única manera de poder hacer una prevención adecuada. Como hemos intentado mostrar —sin ser para nada exhaustivos— las encrucijadas subjetivas que pueden llevar al acto suicida son diversas.

Surge entonces la pregunta: ¿cómo evaluar los riesgos caso por caso? En primer lugar, nuestros diagnósticos nunca se hacen fuera del dispositivo analítico y la ética que le es propia. La posibilidad de que dicho dispositivo pueda funcionar en múltiples ámbitos de atención de la salud tanto pública como privada, desde hace tiempo está fuera de dudas.

13. Lacan, J., *El Seminario. Libro 5: Las formaciones del inconsciente*, p. 253.

La eficacia de nuestra intervención, que pasa por atender a la singularidad del caso, implica hacer una «evaluación» lo más precisa posible. El diagnóstico estructural, es decir, diferenciar psicosis de neurosis, es importante. Rescatamos así cierto legado de la psiquiatría clásica, tan olvidado por la actual. Pero si bien ese diagnóstico es una orientación muy significativa, no es suficiente. Poder esclarecer esa encrucijada subjetiva de la que hablábamos implicará elucidar la posición del sujeto y sus circunstancias: ¿identificación al ser del objeto?, ¿sujeto aspirado por una imagen ideal?, ¿ofrecimiento sacrificial de la propia pérdida?, ¿puesta en juego de la falta del Otro?, ¿rechazo a la inscripción en un Otro?, ¿exclusión frente a una decisión crucial, por ejemplo sexual?, ¿reacción terapéutica negativa?, etc. No podemos negar que las opciones son múltiples, pero también es evidente la riqueza de lo singular.

PRINCIPIOS DEL PODER DEL PSICOANÁLISIS FRENTE AL SUICIDIO*

PIERRE-GILLES GUÉGUEN

Lacan titulaba uno de sus artículos más citados: «La dirección de la cura y los principios de su poder».[1] Hoy en día se ataca el poder del psicoanálisis, y sin embargo ese poder terapéutico no se ha debilitado desde 1958. Está ligado al poder de la palabra y del lenguaje y no tiene nada que ver con el adoctrinamiento ni la dirección de conciencia. Este poder no puede, sin embargo, ejercerse desde la perspectiva de tratamiento de masas anónimas que se impone cada vez más sobre el mercado psi.

Hay una clínica psicoanalítica del suicidio. No pretende resolver todos los casos. No se opone a la medicación cuando está prescrita por psiquiatras competentes e informados.[2] Pretende sencillamente tratar de la mejor manera, y con el mayor respeto a la dignidad, a esos sujetos de la palabra y el lenguaje a los que la encrucijada de su destino lleva al borde del suicidio, sea por el pensamiento de darse muerte, sea por un acto que ha fracasado. Lejos de toda intención de sugestión o impedimento, el psicoanálisis puede devolver el deseo de vivir, como nos lo hacen saber numerosos testimonios recogidos públicamente y como da cuenta de ello la práctica diaria de numerosos practicantes en el ámbito privado o institucional.[3]

* Texto publicado en francés en la revista *Mental*, nº 17. Traducción de Fe Lacruz.

1. J. Lacan, *Escritos*, Siglo XXI.

2. Bien al contrario, se apoya sobre su potencia y hace de ella una auxiliar de *l'apparole*. É. Laurent, «¿Cómo tragarse la píldora?», *Ciudades analíticas*, Tres Haches, Buenos Aires, 2004.

3. Véanse por ejemplo, «Psychanalyse: contre-attaque», *La règle du jeu* 30, Grasset, París, enero de 2006, o la obra *¿Conoce usted a Lacan?*, Paidós, 1995.

EL MISTERIO DEL SUICIDIO

El acto suicida es un acto límite. Parece hacer fracasar la razón, ser «inmotivado», como a menudo lo es el pasaje al acto criminal. Concierne al ser humano tomado en la temporalidad de su existencia y, el hecho de que puede interrumpirla, lo diferencia de lo animal. En efecto, solo el ser humano puede imaginar su muerte y con mayor razón quererer dársela. Solo que de su muerte no podrá decir nada y si escapa al suicidio, habrá errado su muerte. Es por lo que Lacan podía decir en su «Televisión»: «El suicidio es el único acto que puede tener éxito sin fracaso. Si nadie sabe nada de ello, es porque procede del prejuicio de no saber nada».[4]

Advirtamos que considera aquí el suicidio a partir de una idea previa, es decir, de una decisión del sujeto, de una responsabilidad que ha tomado, incluso sin conocer las causas. La clínica del suicidio es en efecto para el psicoanálisis la de un humano responsable. Se opone de ese modo a la idea que anima la perspectiva de los cuidados, de que el suicidio sea el resultado de un encadenamiento fatal, un «trastorno» de la personalidad hereditario o ambiental, o incluso una «enfermedad» cuyo origen sería biológico o neuronal.[5] Para decirlo de otra manera,

4. J. Lacan, *Autres écrits*, Seuil, París, 2001, p. 542.

5. Véanse dos artículos del diario *Libération*. Uno con fecha del martes 31 de enero de 2006 (firmado por Julie Lasterade) da una explicación sociológica del suicidio y aconseja —como en Canadá— atajarlo por medidas «de equipamiento» ¡como la protección de los puentes! El otro, con fechas del sábado 4 y el domingo 5 de febrero de 2006 (firmado por Corinne Hyafil), alaba igualmente los métodos canadienses y norteamericanos de equipos móviles de emergencia cerca de los adolescentes en crisis con «detección por parte de los docentes» para intervenciones urgentes. Aparte del hecho de que estos métodos demuestran que antes de la «crisis» nadie se ha preocupado de estos niños y adolescentes, haremos notar que apuntan a reducir los costes de hospitalización y a reintegrar a los adolescentes en las familias, que en general están ya sobrepasadas y son impotentes para captar la naturaleza de estas «crisis». El psiquiatra Michel Botbol, interrogado en el encarte, se indigna por otra parte —con razón— previendo «efectos muy negativos de esta política».

cuando tiene que ver con un sujeto que piensa en el suicidio o que ha intentado suicidarse, la idea del psicoanalista es la de considerar que el sujeto puede asumir algo de ello, que busca, intentando ese acto o poniéndolo en práctica, evitar una zona de saber que concierne de la forma más cercana a su ser en el mundo y a su posibilidad de desear, y que se halla en la dificultad de subjetivar.

Lejos de considerar que el sujeto que ha encontrado en su camino la idea del suicidio, o ha intentado su realización, es una víctima a la que hay que salvar, el psicoanalista tratará, por el contrario, de darle los medios de reapropiarse de su acto o de los pensamientos que le conducían hasta allí, de desvelar la estructura del acto o descifrar los pensamientos obsesivos que le invadían, en resumen de subjetivarlo y que se vuelva contable. El misterio del suicidio es un misterio para el suicida mismo en el momento en que lo planea, y todavía más si lo comete, pero el psicoanálisis considera que es posible esclarecer este acto por el establecimiento de su causalidad inconsciente, y llegado el caso sacar partido de ello.

Es por eso por lo que, desde el punto de vista del psicoanálisis, todo intento de suicidio tiene que tomarse en serio, lo mismo que conviene poner la mayor atención a la confesión de pensamientos suicidas. No hay suicidio banal. Es un error considerar como benigno el suicidio considerado como «llamada de atención». No hay que creer, como se dice a veces, que la neurosis obsesiva protege absolutamente del pasaje al acto. Hay en toda intención suicida una puesta en juego del ser, que como tal, siempre es una apuesta.

Y es que el suicidio, como la locura, marca los límites de la libertad humana. En dos ocasiones en sus *Escritos*,[6] Lacan evoca el célebre suicidio de Empédocles relatado por Diógenes Laercio, una primera vez para señalar que este acto simbólico de su «ser-para-la-muerte» le ha hecho estar presente en la memoria de los hombres por el hecho de que la libertad del hombre es a la vez amenaza para el otro, sacrificio «que da a la vida su medida» y renuncia suicida que deja al amo en su inhu-

6. J. Lacan, *Escritos*, Siglo XXI.

mana soledad. Señala así que el acto suicida concentra en un *raptus* la esencia de lo que da su marco a la libertad: toca al otro pero también aporta una puntuación, un sentido a la vida y exige del sujeto una pérdida de goce.

La segunda ocasión en que Lacan lo cita, es para indicar que el acto de Empédocles, que simboliza a nuestros ojos la obra de la pulsión de muerte, «manifiesta que se trata ahí de una voluntad» en una separación radical del Otro.

En el psicoanálisis, pues, el acto suicida no es relativo a la moral, es una conclusión, una voluntad del sujeto que merece el respeto y que, cuando se logra, da testimonio de la libertad humana y también de lo que esa libertad puede tener de inhumano para el otro y para sí mismo.

Sin embargo, como Lacan lo indicaba en 1973 en el pasaje citado más arriba, la acción del analista consiste en dar al sujeto, siempre que se pueda, el deseo de remontar la pasión de la ignorancia que le ha llevado a pensar en suicidarse o en atentar contra su vida para evitar un saber que le concierne. La vía del psicoanálisis consiste, pues, en obtener por el despliegue de la palabra un saber concerniente a lo real que el suicida en su acto evita y obtiene a la vez, pero demasiado tarde, un saber sobre la castración y un consentimiento a los límites que impone.

CLÍNICA DE LO CONTINUO O CLÍNICA DEL «IMPASSE»

Esencialmente, existen hoy dos maneras de acercarse al suicidio. Reflejan dos concepciones opuestas de los poderes de la palabra. Una supone que el acto del suicida se inscribe en un *continuum* que va de la depresión al suicidio: es la vía de los trastornos del humor y de la promoción desmesurada de lo que las clasificaciones estadísticas de las enfermedades mentales llaman «trastornos depresivos». El suicidio aparece entonces como la salida fatal cuando una depresión mayor no puede ser atajada por la medicación. Es el suicidio «enfermedad» que viene como continuación de la depresión enfermedad. Esta clínica, surgida del DSM y de su voluntarismo pragmatista, es una clínica de la percepción, de la observación, supone también una continuidad posible de lo biológico a lo «mental». Se toma nota de la tristeza, el apragmatismo, la abulia, la desorganización de la conducta; como mucho entrevistan al sujeto para que pueda con palabras describir lo que caracteriza su estado y su humor. Es una clínica de lo percibido[7] de la que el psicoanálisis lacaniano ha formulado claramente su insuficiencia. Se apoya esencialmente sobre la esperanza de que el medicamento haga callar la tentación suicida. Si se añade ahí la palabra, es con la esperanza de que haga «mediación», es decir, que introduzca entre el sujeto y el otro la dimensión de la temporalidad y del sentido, que aleje al sujeto de su acto, que le distraiga de ello. Lejos de nosotros la idea de negar la utilidad de la palabra en este nivel: son las mismas técnicas de *debriefing* que se emplean en los casos de acontecimientos traumáticos por los psicólogos de «grupos de emergencia en catástrofes», tienen un poder catártico y resitúan el momento dramático en la trama lenguajera que el sujeto habita. Pero, a este nivel, no se trata de psicoanálisis. Es por otra parte lo que quieren las autoridades sanitarias de nuestro país, que piensan, parece, que un diploma de psicoterapeuta obtenido a la ligera apoyándose sobre un vago conocimiento de los rudimentos de doctrinas psicológicas puede bastar. Para la charla «de apoyo», no hay en efecto necesidad de psicoanalistas cualificados.

El poder de la palabra supone, en el psicoanálisis, que se haga de él otro uso: sin duda se trata de privilegiar, en relación con el cortocircuito del pasaje al acto, una «vía larga» que pasa por la utilización del lenguaje y la búsqueda de sentido, pero se trata también, y sobre todo, de captar qué goce ha podido empujar al sujeto a hacerse daño a sí mismo y a romper con el Otro, y actuar sobre ese punto. El psicoanálisis aplicado a la terapéutica dispone para ello de potentes instrumentos: la transferencia y el inconsciente. La transferencia supone la duración, supone también, tal como Freud lo percibió enseguida, que la transferencia de los fantasmas del analizante se deposite sobre la persona del analista, si

7. Véase por ejemplo, J.-A. Miller, «Logique du perçu et du sujet», *Cahier*, nº 5, otoño de 1995.

éste sabe acoger la palabra como conviene, en la medida de su propia formación analítica, que pasa por su análisis personal. Por eso, en la dirección de la cura lacaniana, el analista debe saber hacerse el *partenaire* fantasmático de los síntomas del sujeto: en otros términos, debe dejarse utilizar con prudencia porque «la interpretación, si él la da, va a ser recibida como proviniendo de la persona que la transferencia le imputa ser».[8] De ahí el poder de la palabra que interviene en el corazón del goce del sujeto para enmarcarlo, incluso modificarlo por medio de un decir. Contrariamente a todos los otros métodos, el psicoanálisis no apuesta sobre la rectificación de la realidad del sujeto, sino sobre el *impasse*, lo imposible de decir que ha encontrado y que ha traducido en un pasaje al acto autodestructivo. El psicoanálisis es por esto mucho menos «optimista» que las otras terapéuticas: sabe que si este *impasse* no está lastrado por un decir, incluso pasado al saber, se reproducirá —no forzosamente en circunstancias análogas de la realidad—, sino más bien en las coyunturas significantes en las que el sujeto encuentre los mismos *impasses* que conciernen a su ser de palabra. Se verifica, pues, como algo necesario insertar la clínica psicoanalítica del suicidio en un marco teórico potente y no en un marco a-teórico como el que ofrece el DSM.

PARA UNA CLÍNICA TEÓRICA DEL SUICIDIO

No retomaremos aquí lo que el conjunto de este dossier ilustra. Es sin embargo necesario señalar algunos puntos. En primer lugar, hay que hacer una distinción esencial, en el diagnóstico de la intención o acto suicida, entre neurosis y psicosis. Es decir, la necesidad absoluta de un diagnóstico de estructura. Ahora bien, la disciplina del diagnóstico psicoanalítico, que necesita de toda la finura del clínico y el tiempo de la entrevista clínica, ya no se enseña prácticamente en la psiquiatría contemporánea. Se han ampliado desmesuradamente viejas categorías (es-

8. J. Lacan, «La dirección de la cura y los principios de su poder», en *Escritos*, Siglo XXI.

quizofrenias, psicosis llamadas bipolares) o bien han desaparecido de los manuales (la histeria, por ejemplo). El uso de la estadística ha transformado la entrevista subjetiva en una batería de cuestionarios en los que se insta al paciente a enumerar comportamientos antes que a aplicarse a la búsqueda del bien-decir concerniente a lo más particular de su caso.[9]

Ahora bien, la importancia del diagnóstico es fundamental. Se apoya sobre la clínica freudiana y, especialmente en la clínica del suicidio, sobre la interpretación que Lacan permite de «Duelo y melancolía». Éric Laurent y Serge Cottet lo señalaban recientemente en dos artículos fundamentales: en la depresión neurótica —incluso cuando llega hasta el extremo suicida— es el brillo fálico del objeto el que resulta alcanzado. «Esta puesta al desnudo del objeto —concluía Cottet—, correlativa a esa disminución de densidad narcisista, se acompaña naturalmente de una pérdida, la del goce, no cualquiera: el goce fálico».[10] En ese caso, el psicoanálisis pondrá en juego el inconsciente y su poder interpretativo para liberar el síntoma de la captura mortífera del significante. El analizante y el analista se emplearán como conviene con objeto de que el «tiempo para comprender» permita reducir el síntoma y devolver al sujeto el acceso al deseo.

En el caso de la estructura psicótica, hay que comprender el suicidio como un retorno en lo real de un punto de forclusión de lo simbólico o, para decirlo en los términos de una clínica más tardía de Lacan, como una ruptura del nudo entre real, imaginario y simbólico. Es decir, como lo precisa Éric Laurent, que «se trata ahí de interrogar al sujeto no del lado del inconsciente como discurso del Otro, sino del lado del silencio de las pulsiones de muerte [...]. Nuestra hipótesis es que esos momentos de rechazo del inconsciente tienen el mismo valor indicativo que tal o cual "fenómeno elemental"».[11] Sobra decir que la dirección de la cura

9. Consultar sobre este punto *Aimez-vous le DSM? Le triomphe de la Psychiatrie américaine*, Les empêcheurs de penser en rond, París, 1998.

10. S. Cottet, «La belle inertie», *Ornicar?*, nº 32, Navarin/Seuil, París, 1985, p. 68.

11. Éric Laurent, «Melancolía, dolor de existir, cobardía moral», *Estabilizaciones en las psicosis,* Manantial, Buenos Aires, 1989.

no puede ser del mismo orden que para la neurosis. Si se trata de apostar por la invención del sujeto para emparejarse de nuevo a la dimensión de la palabra y del lenguaje que permite el lazo social, se trata también de saber mantenerlo en los «alrededores del agujero» y de evitarle, incluido en el dispositivo analítico, encontrarse de nuevo frente a la coyuntura significante que ha guiado su pasaje al acto. En estos actos en particular, es necesario aún que el sujeto se preste al tratamiento y una contingencia desgraciada bien puede anular los beneficios obtenidos.

La teoría de la forclusión generalizada extraída de la enseñanza de Lacan por J.-A. Miller[12] no opone objeciones, lejos de ello, a este deber de identificar la estructura velada por el pasaje al acto. Aunque permite declinar toda una serie de casos llamados «psicosis ordinaria», donde el desencadenamiento no se ha producido gracias a un anudamiento sintomático realizado por el sujeto de una forma diferente al modo neurótico, no dispensa sin embargo de estar atento, para no aplastarlo, a lo que se ha producido, como decía Lacan, en «la juntura más íntima de la vida del sujeto». Es el sentido de las indicaciones que daba J.-A. Miller, en la Conversación sobre los embrollos del cuerpo, desarrollada en la Sección Clínica de Burdeos en 1999.[13]

12. J.-A. Miller, «Forclution généralisée», *Cahier* 1, otoño de 1993, publicado en español en *Los signos del goce*, Buenos Aires, Paidós, 1998, pp. 367 y siguientes.

13. Section clinique de Bordeaux, «Les embrouilles du corps», *Ornicar?*, n° 50, Navarin/Seuil, París, 2003, particularmente pp. 228 y siguientes.

CLÍNICA DEL ACTO SUICIDA. CÓMO PROPICIAR UN TIEMPO PARA COMPRENDER

PALOMA LARENA COLOM

El tema propuesto, «Clínica del acto suicida», es de gran interés en relación con los recorridos que los adolescentes y jóvenes han hecho previamente a su ingreso en un centro de internamiento por medida judicial. Los consumos abusivos y concentrados en unas pocas semanas, la embriaguez que llega a la pérdida de consciencia o el estado sonambúlico que provocan los disolventes, a menudo rodean el acto delictivo. Pero también hay los jóvenes y adolescentes que, habiendo sido diagnosticados como «trastorno disocial» según los manuales al uso que describen la conducta observable, sufren todos los efectos de la forclusión del Nombre del Padre en lo imaginario, lo simbólico y lo real.

El momento de su detención por parte de la policía y el ingreso en el centro supone, como algunos manifiestan después, «salvarles la vida» a pesar de que las dificultades para tener alguna idea de cómo y para qué vivir no se resuelvan con ello.

Durante el tiempo del internamiento, los *actings* y pasajes al acto son poco frecuentes en la medida en que se ha potenciado el uso de la palabra. En la ley que regula en España los centros de internamiento de menores, hay una falta considerada grave descrita como: «Autolesionarse como medida reivindicativa o simular lesiones o enfermedades para evitar la realización de actividades obligatorias».[1]

La entrada en esta institución de profesionales orientados por Freud y Lacan, hizo reinterpretar una costumbre anterior que consistía en sancionar a cualquiera que se hiciera daño. Retomamos la letra de la ley y de

1. Real Decreto 1774/2004, de 30 de julio, artículo 63.

este modo se comprobó que esos jóvenes nunca realizaban un cálculo para obtener ventajas, era peor, se agredían, lo más frecuentemente se rompían huesos de la mano al golpear la pared, o se hacían marcas en la piel con cualquier punta incisiva. Una vez establecida esta importante distinción, hemos ido viendo en cada caso si el joven hacía con su acto una llamada a la interpretación (*acting out*), o intentaba separarse de un Otro gozador, y así se introdujo un tratamiento diferenciado para cada caso.

Fuimos transmitiendo a educadores y vigilantes de seguridad que cada acto agresivo dirigido contra sí mismo implicaba un alto grado de malestar y, como norma general, nunca había que banalizar ningún intento o idea de suicidio, por manipulador que pareciera, comunicándolo siempre al equipo de salud mental.

Vamos a presentar sucintamente dos ejemplos de pasaje al acto suicida en sujetos que han sido diagnosticados en su adolescencia de trastorno disocial, es decir, que han tenido «un patrón de comportamiento persistente y repetitivo en el que se violan los derechos básicos de los otros o importantes normas sociales adecuadas a la edad del sujeto» (F91.8) en el DSM-IV.

S. es un joven que en tres ocasiones ha realizado intentos de suicidio mediante el ahorcamiento con una sábana atada a la ventana, el último hace dos años ya, pero que aun ahora, cuando está inquieto por lo que considera «una injusticia», nombra el propósito de matarse. S. sabe, porque se lo hemos hecho saber en todo este tiempo, que no van a caer estas palabras en el vacío, que nos las tomamos muy en serio y que entonces la atención y el cuidado sobre él se intensifican. Durante un tiempo ha compartido habitación con un compañero. Generalmente los demás acababan pidiendo un cambio, ya que los asustaba con sus decires melancólicos de querer colgarse. Lo poco que él puede decir de estos pasajes al acto es que «deseaba quitar a su madre de problemas», indicando así su delirio de culpa. Su afecto pasa en ocasiones a cierta exaltación y entonces es un bailarín de *break* que se ofrece a los demás para ser mirado en su rápido movimiento. Al estado más melancólico le preceden pensamientos y alucinaciones visuales sobre su abuela muerta, de la que le es imposible separarse. El Otro juega con él, es su convencimiento y su acusación, que tomamos como la indicación de que con S. hay que cumplir perfectamente horarios, compromisos y no fallar en el papel que nos ha asignado. Este papel es sin duda una función de control, de regulación del goce de abusar de los otros, de hacerles daño. Los actos suicidas por el momento han cesado y S. ha conseguido hacer un *sínthome* con una dolencia cardiaca congénita de la que está físicamente restablecido. Su queja del «dolor de corazón», los desvanecimientos, los mareos y el cansancio del cuerpo, le permiten hablar de la necesidad de introducir pausas, de ausentarse por un rato, para ser de otra manera excepcional sin tener que desaparecer.

En el último capítulo del *Seminario. La angustia*[2] Lacan, a propósito del cuarto nivel, del nivel escópico, nos indica que *el objeto a* queda habitualmente enmascarado tras el *i(a)* del narcisismo y que esto exige al melancólico pasar a través de su propia imagen, y atacarla en primer lugar, para poder alcanzar dentro de ella *el objeto a* que la trasciende, cuyo gobierno se le escapa. El marco de la ventana es el recurso a la estructura del fantasma. S. no podía atravesar los barrotes de su ventana pero sí suspenderse de ellos, y ofrecerse a la mirada del Otro como el objeto de desecho que colmaría su goce. El sujeto melancólico se identifica con este objeto en su función de resto. Además, en la sábana que ata, de la cual se cuelga, vemos un artefacto del nudo que no se ha producido: el nudo entre el falo y la castración. Nuestro diagnóstico de estructura es de psicosis melancólica, estabilizada en la medida en que el internamiento en el módulo terapéutico le permite un lazo social con un Otro de los cuidados que a la vez frena su pulsión de muerte. En perfecta coherencia con las agresiones brutales que le llevaron al internamiento, nos orientamos por lo que nos enseña J. Lacan: *«El suicidio melancólico es el equivalente del asesinato inmotivado de la vertiente paranoide».*[3]

Otro caso, esta vez de un pasaje al acto anterior al internamiento.

R. ingresó por denuncias mutuas entre sus padres y ella, por maltrato familiar. Desde hacía varios años, la joven manifestaba gran agresi-

2. J. Lacan, *Seminario 10*, Paidós, 2006.

3. J. Lacan, «Acerca de la causalidad psíquica» (1946), en *Escritos 1*, Siglo XXI, 15ª edición, 1989.

vidad hacia la madre, robo de dinero en casa y absentismo escolar. Varias enfermedades en la familia en un tiempo breve fueron el detonante para el desencadenamiento: no teniendo a su disposición un significante que dé cuenta del deseo y de la vida, incapaz de elaborar la castración en el Otro, R. deja de comer abruptamente, y meses después realizó un intento de suicidio con medicamentos que le produjeron un coma. Pero la joven desconoce esta determinación causal, no puede dar cuenta de su acto. Tras esto, la violencia contra los padres fue en aumento. R. considera que el Otro la engañó, y en su implacable razonamiento paranoico, su defensa ha sido agredir. En las primeras visitas de los padres al centro, R. amenaza constantemente con matar a su madre, y en las sucesivas se vanagloria de controlarse mucho, ya que su madre no deja de provocarla. Muy pronto el equipo educativo es objeto también de su pasión, de amor o de odio, y cada uno acepta este lugar manteniendo la distancia conveniente con la joven, e imponiéndose la no respuesta a su desbordamiento verbal. Las dificultades para dormir, a su demanda, fueron tratadas con medicación, y la intervención terapéutica ha permitido que R. acepte una ayuda menos marcada por la desconfianza. Esto ha supuesto una primera experiencia para ella.

Podemos suponer que esta joven está menos en riesgo que el primer caso presentado de volver a realizar un acto suicida en la medida en que progrese su elaboración delirante, ahora apenas esbozada, pero que parece apuntar a la investigación en el orden del saber científico.

En ambos jóvenes, no hay rastro de culpabilidad neurótica, el índice de la presencia de un sujeto, pero por los delitos realizados tienen como interlocutor privilegiado la figura de un juez que les imputa, que los designa como responsables. Este Otro de la ley, es una figura mucho más humanizada e incompleta que el Otro feroz y arbitrario del psicótico. A diferencia de lo que ocurre en una institución psiquiátrica, el joven no es declarado «loco» ni se le considera irresponsable, sino que se espera de él que cambie su relación con el otro social. El psicoanálisis aplicado a una institución como ésta, educativa, no pierde de vista que educar es otra de las tres profesiones imposibles al decir de S. Freud.

LA FRAGILIDAD DEL ANCLAJE A LA VIDA

CLARA BARDÓN

Media hora antes de su ingreso programado en el Hospital de Día (HD), una mujer de treinta y siete años llama para avisar de que no vendrá porque ha decidido acabar con su vida. Ha hecho una importante ingesta de medicamentos. Acuden a rescatarla los servicios de urgencias y bomberos. Tras 24 horas de ingreso hospitalario la derivan al HD. No es la primera vez. Sucedió una semana antes y siete veces más en los últimos cuatro años.

Expresa así su malestar: desde hace tiempo tiene un bloqueo mental absoluto, angustia, temblores, impulsos agresivos que siempre controla. No puede sentir emociones ni pensar, ha perdido sus capacidades intelectuales. Se siente como muerta en vida.

Su situación económica desde que perdió el último trabajo, cinco meses antes del ingreso, es muy precaria. Comparte piso con otras personas y piensa que la quieren fastidiar: le cierran el agua cuando va a poner la lavadora, le manipulan el correo, entran al baño justo cuando va a hacerlo ella. Lo característico es el grado de certeza que la paraliza, su silencio y ausencia de respuesta frente a esos actos del otro, vecino de habitación, destinados a mortificarla.

Siente extrañeza de sí misma, siente que se hunde y desaparece. No puede comprender estas sensaciones ni expresarlas. Se siente vacía, rota, que parte de ella se ha muerto.

Asimismo se encuentra mal en el hospital porque tiene que hacer un gran esfuerzo para levantarse, acudir cada día y participar en las actividades. Considerarse obligada a responder cuando le hablan le hace sentirse «violada psicológicamente». No establece vínculo con los compañeros, para ella todos son iguales. Sin embargo, llama la atención cómo muchos pacientes se vuelcan en ella, la protegen y la cuidan. Pero ella ante esto no puede sentir ninguna emoción. No puede pensar ni concentrarse en nada, no puede fijar en la memoria nada de lo que le dicen. No tiene fuerzas para vivir.

Su posición subjetiva es de desecho, absolutamente pasiva. Además, a su llegada al hospital tras el último intento de suicidio, anuncia con rotundidad que ya no puede más y que ésta es la última oportunidad. Si este tratamiento no funciona, acabará definitivamente con su vida.

A su ingreso en el hospital, «la última oportunidad que daba a un tratamiento», establecí un pacto con ella: debía comprometerse a no hacerse daño y, en caso de que se sintiera al borde de hacerlo, debía avisarnos o ir a urgencias si estaba fuera del horario del HD. Así lo hizo durante varios meses. Ha avisado, ha ido a urgencias y se han hecho ingresos cortos en el hospital, de contención.

La contextualización de sus pasajes al acto se hace muy difícil, ya que constituye un enorme esfuerzo para ella por carecer de todo sentido y estar ausente toda pregunta por la causa. Apenas puede decir que los intentos de suicidio suceden en los momentos en que no tenía fuerzas para seguir.

Hace cuatro años rompió la relación de pareja que mantuvo durante tres años con un hombre, a causa de los malos tratos. Al principio se llevaban bien, se querían y hasta tenían un perro que sacaban a pasear. A los dos años él empezó a tomar drogas, dejó de trabajar y le gastaba su dinero. Empezaron los malos tratos.

Si bien esta relación sintomática con la pareja tenía efectos de estrago en ella, también era una forma de localización de lo insoportable, hasta que traspasó el límite dándole una paliza y amenazándola con un cuchillo, hecho que reproduce la escena infantil más traumática para ella. Alertada por los vecinos, intervino la policía y el hombre fue detenido. Entonces huyó, se fue lejos para que no la encontrara y abandonó un trabajo estable que mantenía hacía varios años. Desde que volvió ya solo ha tenido trabajos esporádicos. Ya nunca más ha sentido nada por nadie. Se mantuvo en un funcionamiento mínimo de casa al trabajo y del trabajo a casa, sola, completamente aislada y sin relaciones de ningún tipo, únicamente anclada en lo social mediante el trabajo. Ese funcionamiento, sin sentir nada pero sin angustia, es el que querría recuperar.

Los siete intentos de suicidio graves que ha realizado se producen en los momentos en que ha perdido el trabajo y desaparece su único punto de amarre a la vida. «Sin trabajo no soy nada», repite una y otra vez, y se sumerge en un «estado melancólico donde el objeto está presente y desencadena efectos catastróficos porque amenaza la pulsión fundamental que la adhiere a la vida».[1]

Su posición es el resultado de su exclusión en tanto viviente y de toda significación posible. No pide nada, no se pregunta nada. Vive en un permanente desasosiego, en relación directa con su propia muerte, «en ese estado en el que ya no puede esperar ayuda de nadie porque es la experiencia última del desamparo».[2]

En estas difíciles circunstancias se trata primero de posibilitar su asistencia diaria al hospital para tratar de restaurar ese funcionamiento mínimo que había tenido con relación al trabajo: en esta ocasión, de casa al hospital y del hospital a casa. No es tarea fácil, ya que su posición es la de no esperar nada. Por otra parte, el proceso de historización no tiene ningún sentido para ella y consiste, a mis preguntas, en una pura narración de hechos biográficos desafectivizada, en un presente continuo. Porque la historia, como la frase, solo cobra vida a partir del momento en que presenta una significación.

El escenario de su infancia es de alcoholismo del padre, violencia y abuso sexual, abandono y desprotección. Su madre, a la que idealiza y adora, no pudo hacer nada por ella a causa de su fragilidad, dice. Ya tenía suficientes problemas. Al menor disgusto se desesperaba y perdía el conocimiento. Era muy buena, sufría mucho y ella sentía que tenía que protegerla, por lo tanto, nunca le contó nada ni le pidió ayuda. Cuando se entera de que su madre está enferma de cáncer deja el inter-

1. J. Lacan, *El Seminario. Libro VIII: La Transferencia.* Clase del 28 de junio de 1961, Paidós, Buenos Aires, 2003.

2. J. Lacan, *op. cit.,* clase del 14 de junio de 1961.

nado para cuidarla y muere cuando ella tiene dieciséis años. En ese momento siente que se queda completamente sola y, desde entonces, encarna en su ser la experiencia del desamparo. Junto con su hermana tiene que ir a vivir con el padre y éste, un año después, la echa de casa. Pasa varios meses viviendo en la calle, durmiendo en portales y pidiendo limosna hasta que se ocupan de ella los Servicios Sociales y unas monjas que le proporcionan un lugar para vivir y estudios de secretariado.

Cambia de ciudad, trabaja y conoce a su primer novio, con el que empieza a convivir poco después en casa de sus padres, pero se repite su historia: el padre del chico bebe y da muy mala vida a su familia. Ella quiere irse con él a otro piso, pero éste tiene poca iniciativa y comienza a seguir los pasos del padre con el alcohol. Finalmente alquila una habitación y se marcha sola. Ésa es su forma de vida hasta el momento, a excepción de los tres años que vivió con su segunda pareja.

En el caso coexisten esas interpretaciones paranoides mínimas, simples, que no dan para construir un delirio que pudiera restituir algo del sentido, con ese juicio implacable del superyó característico de la melancolía. En clave melancólica es invadida por la culpa, al tiempo que la ausencia de sentido se llena con ideas fijas que la torturan: «No estoy al cien por cien», «no podré volver a trabajar», «ya no sirvo para nada». Frases sin dialéctica posible que repite de la misma manera una y otra vez para, a continuación, sumergirse de nuevo en su silencio.

Cuando algo de lo imaginario se organiza puntualmente, en clave paranoica, la culpa la imputa al otro. Pero de hecho se sostiene subjetivamente en relación con los actos suicidas, pasados o por venir. También hay pasajes al acto en que realiza ingestas excesivas de fármacos, según dice, sin intención de matarse, solo para dormir dos o tres días.

Se encuentra confrontada permanentemente a ese dolor en estado puro, al vacío psicótico y a las pulsiones de muerte y, correlativamente, se encuentra desconectada de la palabra, el lenguaje y el lazo social. Se trata de una psicosis ordinaria en la cual la precariedad simbólica impide reubicar estos fenómenos en relación con la historia del sujeto y de sus síntomas. Podríamos decir que se trata aquí del retorno en lo real de un punto de forclusión en lo simbólico que es el de la juntura más íntima por la que el sujeto se une a la vida y que «estos momentos de rechazo del inconsciente tienen idéntico valor indicativo que tal o cual fenómeno elemental».[3]

La transferencia establecida es tan frágil como su amarre a la vida. Algún indicio de reconstrucción de su imagen se ha producido, como el ir a la peluquería a hacerse la permanente. También cierto esfuerzo en establecer un lazo afectivo con las personas que la quieren y la protegen. Pero en los momentos en que se apunta cierta mejoría y un inicio de vínculo con los otros, el implacable superyó se encarga de decirle que nunca volverá a estar como antes, que por más que se esfuerce en querer a las personas que la quieren, ya no puede sentir nada. Esto la desespera porque se ve confrontada de nuevo a su vacío y su estado se vuelve, inmediatamente, muy inquietante.

La gravedad de este caso y otros muchos atendidos en el marco institucional interrogan al analista y todo el equipo asistencial, llevándolos al límite de sus posibilidades de intervención. La invitación a hablar en algunos casos de psicosis puede llegar a ser un imperativo insoportable para el sujeto, lo que nos lleva a plantear la pregunta: ese goce puro de las pulsiones de muerte, ¿se puede llegar a civilizar bajo transferencia incluso cuando ésta está enmarcada en el espacio contenedor de una institución? ¿Y si esta transferencia es tan frágil como el anclaje del sujeto a la vida?

3. É. Laurent, «Melancolía, dolor de existir, cobardía moral», en *Estabilizaciones en las psicosis*, p. 124, Manantial, Buenos Aires, 1989.

LOS GOLPES DE LA VIDA. TENTATIVAS SUICIDAS EN UN CASO DE MELANCOLÍA

JOSÉ RAMÓN UBIETO

S. es una mujer de treinta años que consulta en un servicio público manifestando que, aunque se encuentra mejor, «teme el golpetazo». Añade que ha tenido dos fracasos, aludiendo a su padre y a su ex marido, ambos alcohólicos y violentos, y que se ha querido suicidar un montón de veces.

Trae también una primera interpretación de su vida: «La cosa se complicó a los once años cuando mi abuela (paterna), que me cuidaba, murió». Poco antes recibió un fuerte golpe del padre que le produjo una hemiplejia facial que todavía perdura, dando a su rostro un aspecto siniestro, con el pómulo hundido y el lado derecho de la cara como muerto, por la falta de riego sanguíneo. Para concluir esta primera entrevista manifiesta su deseo de irse de la casa paterna, donde vive, ya «que es un velatorio y la vida está afuera».

En las siguientes entrevistas relata lo que ha sido su historia y los golpes que la vida le ha dado. Al nacer quedó al cuidado de esta abuela por imposibilidad de la madre (psicosis delirante) hasta los cuatro años, momento en que la abuela la deja con los padres para ir a ocuparse de su marido enfermo. Hasta entonces S. desconocía, según dice, su relación con la madre, figura que solo asociaba a su abuela. Ésta le presenta, «de golpe», a la madre, que estaba sentada balanceándose, sin hablar, con esta frase: «Esa loca es tu madre». S. no podía creerlo.

A partir de allí vivió y durmió con la madre, que no paraba de hablarle de sus temores y de las ideas malignas que percibía en el mundo. A los diez años registra un episodio que considera clave: se encontraba con la hermana —diez años mayor— contemplando un libro con ilustraciones sexuales, debajo de la mesa. Su padre las descubrió y le dio un golpe en la cara, a raíz del cual empezó progresivamente a perder la vitalidad del lado izquierdo, deformándole el rostro.

Pero el verdadero golpe se produce un año después, con la muerte de la abuela, hecho que significó el inicio de un rechazo radical a la alimentación, que obliga a ingresarla en un servicio psiquiátrico, donde es diagnosticada como «anorexia mental» y derivada a una comunidad terapéutica donde permanece en régimen de encierro y fuertemente medicada hasta los dieciocho años. Durante este tiempo no tiene ningún contacto con sus familiares, por prescripción médica.

A su salida va a vivir con una amiga, también ex paciente de esa comunidad, y tras un intento autolítico, pasa un mes ingresada en un hospital psiquiátrico. Inicia después una relación de pareja que dura diez años y termina a raíz de una discusión en la que él le propina un golpe.

LA SERIE DE LOS GOLPES

Este hecho marca así el retorno al punto de partida (vuelve con los padres) y permite captar el lugar central que ocupa este significante —golpe— que surge solo, fuera de la cadena significante sin remisión posible a otros y con el correlato del goce del Otro. Ante esto, el sujeto va a hacer una serie con los golpes de la vida: el descubrimiento de golpe, a los cuatro años, de que «esa loca era mi madre», el golpe brutal que su padre le propina a los diez años, el golpe que supone para ella la muerte de la abuela y finalmente el golpe que recibe de su *partenaire* y que redobla el del padre.

Un hecho acaecido durante el tratamiento nos permite ordenar los elementos del caso. Reaparece, dice, una sensación vieja: una voz que le pide —como si fuera un diablo— que haga daño, que no coma, que maldiga al padre, que lo mate y que se autodestruya. Es una voz que surge en los vacíos de actividad y que aparece después de una entrevista con la trabajadora social en la que la paciente habla de sacarse de encima al padre.

Es una vieja voz que empezó antes del golpe, ya desde que conoció a la madre «era como un diablo». La describe como una voz ronca y maligna, «como si yo estuviese poseída por el diablo». Dice que ahora estaba como muerta y que ha renacido estos días que «investigaba sobre mí misma». En su inicio esta voz se contrarrestaba con otra voz, atribuida al abuelo, que le incitaba a vivir.

Podemos hacer, pues, la hipótesis de un primer momento de desanudamiento a los cuatro años, donde ella ubica el surgimiento, por primera vez, de esta voz y de un segundo momento clave, un punto de escansión, marcado por la muerte de la abuela, figura protectora que permitió vivir a esta mujer durante sus primeros años de vida. Su desaparición obtiene, como respuesta del sujeto, una identificación melancólica que tiene, en su negativa a comer, una manifestación de ese goce mortífero.

En el primer tiempo, a los cuatro años, ante el golpe de ese encuentro, hay una elección subjetiva, que verificamos luego, en clave melancólica: ella asume la culpa, en lugar —como muestra la respuesta paranoica— de imputarla al Otro. En esa primera aparición de la voz, al empezar a vivir con la madre, S. pasa a encarnar lo maligno, el *kakón* inmundo.

En el segundo tiempo, muerte de la abuela, el retraimiento de la libido respecto al mundo exterior es total. El objeto, al perderse, revela que no se trataba de un simple lazo libidinal, sino de algo que apuntaba al corazón mismo de su ser: «Algo de mí se fue», dirá. No hay, pues, índices de una posible vacilación sobre su ser, sino más bien una certeza: «Ese mismo día dejé de comer, quería quitarme de en medio». Aquí, la anorexia mental como fenómeno, aparece con un componente de mortificación que pone en jaque la propia homeostasis vital del sujeto.

Se verifica, pues, en el caso la fórmula freudiana: «La sombra del objeto ha caído sobre el yo», si bien las consecuencias para este sujeto se extienden más allá de la simple pérdida de objeto y apuntan a su propia conservación: es la muerte del sujeto lo que aparece en primer plano.

La relación a este Otro materno, intrusivo y delirante, no encontró mediación alguna. La ausencia de la metáfora paterna hace que esa hostilidad retorne en lo real, sin posibilidades de represión y sin defensa alguna, en estado puro. La voz benigna del abuelo, incitándole a vivir, no alcanza para la construcción de una metáfora, mostrando así —en palabras de Lacan— «el agujero correspondiente en el lugar de la significación fálica» y su correlato en el «desorden provocado en la juntura más íntima del sentimiento de la vida en el sujeto». Como ella señala, «la casa es un velatorio y la vida está afuera», un binario éste sin dialéctica posible.

Su hermana aparece marcada también por el signo del abandono hacia S., dejándola caer en el episodio del golpe, donde rehúye su responsabilidad, en su primer internamiento —«creí que se había deshecho de mí»— y posteriormente en su vuelta a casa.

Este periodo de internamiento se caracteriza, pues, por una fuerte desvitalización, un signo de ese dolor de existir en estado puro al que se refiere Lacan, solo atemperado por una fuerte medicación y por las condiciones de encierro, en las que no hay visitas de la familia. El primer tiempo (cuatro años), instante de mirar sin significación, aparece ya aquí, tras los diferentes episodios relatados, con una significación clara de abandono, «creí que se habían deshecho de mí», es dejada caer.

DEL DIABLO A LA AYUDANTE-CUIDADORA

Ella se define, de acuerdo a ese sentimiento precario de la vida al que aludíamos antes, como un iceberg, fría, como algo congelado que nadie puede romper. No puede querer a nadie, y menos a los hombres. Sin haber sido el falo, ausente por completo y que podría articular los dos polos de la negatividad del lenguaje y la positivación del goce, ¿cómo hacer un lugar para el amor que no sea esa figura helada del amor muerto?

Su trabajo, a partir de aquí y hasta la actualidad, será el de construirse, con muchas dificultades, una familia donde tener un lugar, como cuidadora. Su primera elección de pareja ya pone de manifiesto este rasgo, ya que elige a un hombre alcohólico —que requiere cuidados constantes—, de tendencias homosexuales y con el que tan solo mantiene dos relaciones sexuales. En su lazo social, escaso y precario, ella aspira a ser la ayudante de su monitora de inserción social, cuidando del orden del grupo, renunciando a cualquier otra satisfacción para ocupar ese lugar, a veces ingrato, de ayudante-cuidadora.

Podemos pensar que esta función de los cuidados, ordenada a partir del elemento significante ideal «ayudante-cuidadora», y que en ocasiones implica una función sacrificial, sirve a este sujeto a modo de estabilización, porque contribuye al alivio de la culpa por encarnar ese diablo maligno, permitiéndole establecer un vínculo al otro.

Estabilización, pues, precaria, ya que al desaparecer el objeto de los cuidados aparece recrudecida la fenomenología mortificante: insomnio, anorexia, fatiga excesiva.

LA RESPUESTA MELANCÓLICA

La solución encontrada por la paciente, solución imposible, nos sirve de guía para formular la hipótesis sobre la que hemos construido el caso: la respuesta melancólica. Su esfuerzo por situarse en esa posición de cuidadora, ayudante de esa abuela que también la cuidó a ella y al abuelo, la sostiene en una actividad frenética que frena los impulsos suicidas.

Tenemos, de entrada, de manera muy precoz a los cuatro años un rechazo a la operación de simbolización, el objeto queda así rechazado y el sujeto se identifica con el odio hacia la Cosa. Ese objeto vacuola, que debería aparecer como resto exterior de la operación del lenguaje, aparece en el interior mismo del sujeto: él es ese objeto indigno, objeto vacío, fuera-de-sexo, rechazado como objeto de la libido y rebelde asimismo a toda identificación narcisista. De ahí que su deseo no pueda sostenerse en ese objeto (iceberg) inasimilable al yo.

El segundo momento del caso, la muerte de la abuela, confirma esa respuesta melancólica donde la voluntad de goce no se imputa al otro, sino que se asume como destino inmundo e indigno del sujeto. La disolución del yo, disolución progresiva en la melancolía, empuja a S. en este momento de catástrofe subjetiva a reencontrar el objeto en el acto suicida. Lacan dirá, en su *Seminario* sobre «La angustia»: «El sujeto (melancólico) atraviesa su propia imagen atacándola para alcanzar en acto aquello cuyo pedido se le escapa».

No hay, pues, un delirio construido que organice la respuesta del sujeto frente a un goce persecutorio del Otro. Hay índices de un delirio de indignidad presentes en esa autoacusación de ser «un diablo maligno» y numerosas referencias a un delirio de pequeñez que tematizan la problemática del (no) tener como preludio de una temática del honor (indignidad) menos explícita en el caso.

Su respuesta, no obstante, apunta al honor: desea tener una conducta social perfecta y se muestra exigente: «Si yo fallo, falla todo» para referirse a sus obligaciones como ayudante-cuidadora de los padres.

UN PAYASO CON EL CUERPO ROTO. SOBRE EL HUMOR DE MATARSE EN LA JUVENTUD

FRANCESC VILÀ

Anselmo se acerca a los catorce años cuando ingresa en la Unidad Médico-Educativa. Ha cursado con fracaso estrepitoso la primaria. Ha sido un alumno desinteresado por sus obligaciones y liado en sus payasadas. Encarna con cierta mueca siniestra un elenco de papeles que van del bobo hasta el brabucón. En primera instancia despierta ternura.

Con el traspaso de la frontera de la pubertad, al inicio de la secundaria, las payasadas que antaño evocaban comicidad dejan paso a la saturación por la molestia, la viscosidad, la abulia, el incordio y el enojo, hasta la vivencia de momentos de asfixia insoportable que desesperan a todos.

Ingresa en el servicio porque su vida de alumno se ha tornado imposible y, de común acuerdo, los profesores y el equipo psicopedagógico piensan que da lástima y que hay que apostar por él. Ingresa para que se le ayude a orientar la vida y volver al instituto con un proyecto curricular adaptado. Pero todo se torna más cansino. Tiene que transitar dos realidades que lo alejan de su mundo: unas horas de instituto y el dispositivo mixto de salud mental y educación flexible.

El vínculo social se agota, está notablemente debilitado. Y el dispositivo recibe el encargo de relanzarlo y evitar la desinserción.[1]

1. Guy Briole, en su magnífico artículo «Orientarse con el psicoanálisis en la práctica institucional» en *Cuadernos de Psicoanálisis,* nº 30, Eolia, septiembre de 2007, enfatiza la misión que tiene la institución de cuidados a la hora de colaborar a reconstruir el lazo social de los asistidos.

UN POCO DE HISTORIA

La mueca sombría de Anselmo es más acusada en la madre. Ella se presenta como una pobre mujer. Perdió su pueblo al casarse e ir a vivir lejos. Un tiempo después perdió a su madre. Por aquel entonces Anselmo era un *infans*.[2]

Estas dos pérdidas generan un duelo sostenido que encubre cuidando a su «muñequito». Anselmo entretuvo a su madre durante toda la infancia. Por aquel entonces se constata pasividad, apatía, inercia motriz y mímica pobre.[3] La relación con los demás, más bien escasa, es cortocircuitada con enfermedades somáticas de repetición: catarros y cólicos.

La madre arrastra su vida entre los cuidados no muy satisfactorios del nene durante la semana y las tareas multiplicadas de los fines de semana. Estos días atiende también las necesidades del pobrecito marido que vuelve de trabajar lejos. Cuando el hombre está presente las exigencias de Anselmo se multiplican. Los fines de semana Anselmo está más despierto y como enojado. La madre, no sin ironía, contempla a los dos angelitos desamparados. Dice no entender por qué compiten. La lástima que le inspiran calma su tristeza.

El marido olvida, con resignación, la situación crónica comportándose como un bebedor de fin de semana. Lo hace en el bar, en solitario. A menudo se enrabia consigo mismo y se maltrata cuando le asalta una cólera desmedida contra ellos.

Vuelve a casa y duerme. El lunes de madrugada parte. No sabe cómo hablar con su hijo primogénito. Con su mujer ya ha desistido. Le vuelven reminiscencias del propio padre, que le enseñaba caligrafía pulida, le contaba hazañas y lo habituó a guardar la compostura ante la adversidad.

2. La enfermedad de la abuela se inicia cuando es un bebé y muere antes de que él se lance a hablar. La vida de Anselmo está apoyada en el duelo inconcluso materno.

3. El cuadro es compatible con una depresión anaclítica del lactante.

LA ESCOLARIDAD DE ANSELMO

Anselmo va a la escuela con desgana. Al principio costó mucho la continuidad. Los constipados, los cólicos, las diarreas... lo convirtieron, tempranamente, en un niño más bien delicado, enfermizo. Comía poco, se sobresaltaba por las noches, veía monstruos y al amanecer estaba desencajado. Ella lo retenía a su vera y lo dejaba dormitar horas y horas. El día se esfumaba y daba de nuevo paso a la noche, compartida en la cama del marido ausente.

Anselmo daba la impresión de ser un chico débil y vergonzoso. Se ruborizaba por nada. De sonrisa floja, dejaba entrever una cierta delicadeza, una sensibilidad más bien femenina y turbada.

Se tomaba muy mal las imposiciones del orden educativo o la insistencia del profesorado. La pasividad daba paso a la irritación y al enojo cuando lo animaban o forzaban a hacer. En situaciones así, la imposibilidad de subjetivar la afectividad que despierta la relación con los demás y con su cuerpo produce comportamientos donde se desatan estados de elación.

Estos estados muestran de manera trágica la desregulación de los fenómenos de humor.[4] Para Anselmo las expresiones vitales de dolor o júbilo, expresiones que colorean ordinariamente la existencia humana, están fuera de discurso. Son vividas en momentos convulsos que suceden como experiencias xenopáticas, en un cuerpo marioneta, emancipado, que retorna desde el exterior del espacio mental, descoyuntado y fuera del control del yo. Estos fenómenos emocionales no se incorporan en el sujeto como afecto inscrito en la carne y recubierto de un cuerpo imaginario significativo y propio. El trastorno, con el paso del tiempo, se vuelve cada vez más acuciante.

La congoja y la pesadumbre envuelven su presencia en el colegio. La pena que despierta lo salva de tener que hacer o evidenciar su pobreza emotiva y mental.

4. Documento de la Sección Clínica de Barcelona, preparatorio de la Conversación Clínica del Instituto del Campo Freudiano: «Variaciones del humor en la clínica psicoanalítica» de febrero de 2007. En particular el capítulo 3. Redactado por Enric Berenguer bajo el título: «Trastornos del humor en las psicosis».

Anselmo inspira tanta pena como esperanza a profesores y especialistas. La madre, tímidamente, sonríe y asiente. No quiere llevar la contraria. Ella es poca cosa. Piensa que Anselmo y ella se parecen como dos gotas de agua, es penoso y nostálgico. No imagina de otra manera la vida que comparten sin querer hacer ruido. Piensa que todo sería mejor si Anselmo y los demás no se molestasen.

LA DERIVACIÓN

Todos los esfuerzos se estrellan ante el mundo privado de madre e hijo. No acuden al centro de salud mental infantil, no cumplen lo acordado con la trabajadora social. No piden nada porque no sufren de precariedad económica, o de falta de vivienda en condiciones. Todo está como debe estar. La escuela se enoja con ellos porque interpretan los pactos a su manera. Incumplen con todo. Parece como si dejasen entrever que todo iría mejor si pudiesen hacer su vida.

Pero la pubertad intranquiliza a Anselmo y sus conductas disruptivas son llamativas y chillonas. Hace excentricidades, tiene prontos agresivos y respuestas violentas que se alternan con largos periodos de desgana y apatía. Se duerme en clase y cuando despierta «se le va la olla». Contesta mal y con obscenidad, poniendo en juego en la relación la confusión de su identidad sexual.

El fracaso en los aprendizajes es global.

Se considera que la Unidad Médico-Educativa debería ofrecer un lugar para ensayar la separación de madre e hijo y, luego, contribuir a estabilizar la personalidad de Anselmo.

EL DESANUDAMIENTO

En el primer tiempo, la época inmediatamente posterior a la derivación, todo se calma. Incluso muestra algunas dotes notables para hacer buena caligrafía y tiras de dibujos animados.

Progresa poco a poco no sin dificultades. Todo está frenado, pero no velado.

Las cosas toman un giro inesperado cuando, un año más tarde, muere el abuelo paterno.

Anselmo asiste a su entierro en un pueblo blanco andaluz. Está frente al nicho y cuando los albañiles, después de introducir la caja con el abuelo muerto, tapian la boca del nicho, Anselmo sufre una convulsión que solo siente él. Algo líquido y viscoso baja, a toda prisa, de la cabeza a los pies. Cubre el cuerpo como si se tratase de una caperuza o mortaja y, acto seguido, se derrama por el dedo gordo del pie derecho. Fluye al exterior y hace un charquito con una laminilla de superficie brillante.[5] El mundo oscurece, toma tonos del atardecer. Y él vive, con una sensación de eternidad, cambios de temperatura corporal, cosquilleos y toqueteos, temblores, sequedad de boca extrema, calambres... que tornan, al fin, el cuerpo un corcho. Queda descoyuntado y perplejo. No puede ni hablar ni pedir ayuda a nadie. Vive el fenómeno en una soledad radical. Ve el mundo sombreado y desde fuera, al final del túnel.

Vuelve del viaje transmutado, parece otro. Relata, no sin reticencias, con absoluta sorpresa lo que le ha ocurrido. Se burla nerviosamente de la vivencia. Intenta desacreditarla, como si de una imaginación o pesadilla se tratase. Pero ha ocurrido.

Vive apartado de la dinámica del servicio y pasa días sin acudir. La madre piensa que está incubando algo y lo deja quedarse en casa.

Los esfuerzos que hace el equipo para prestarle un soporte de «práctica entre varios» y trabajar la sorpresa acaecida en la existencia se vuelven inútiles. No hay manera de que se interrogue sobre el suceso en la dirección de un enigma que hay que significar.[6]

5. Se materializa la pérdida del brillo fálico que toca el paño narcisista del sujeto. Cfr. con el artículo de Éric Laurent que bajo el título de «Melancolía, dolor de existir, cobardía moral» fue publicado en *Estabilizaciones en la psicosis*, una recopilación del autor aparecida en Ediciones Manantial, 1989.

6. Cfr. con el artículo de Éric Laurent bajo el título de «Afecto, signo, certidumbre», en *Estabilizaciones en la psicosis*.

Los meses pasan y tanto la madre como el padre se conforman. No hay reconocimiento de lo delicado del momento. «El nene no quiere ir más al colegio», exige a gritos pasar de época. También rechaza hablar de su existencia dolosa. Todo lo fatiga.

Dice que quiere abandonar los estudios y que va a ir a trabajar de aprendiz con el padre. Algunos fines de semana, cuando hay mucha faena, ya lo está haciendo.

Si es obligado a salir de su aislamiento su comportamiento manifiesta lo que la psiquiatría dinámica describe como una depresión caracterial.[7] Se parapeta detrás de comportamientos con todo lujo de acciones descontroladas, sabotajes, intenciones de agresión y amenazas de violencia. Se muestra firme en su acomodación a los estados apáticos. Las reminiscencias y los autorreproches son como una rumiación imparable.

LA CLÍNICA DE LO REAL

La sorpresa del desanudamiento deja paso a un enigma injurioso.[8] Un enigma que no se descifra como interrogante, sino como certeza no discutible. Anselmo es «un mierda, un desecho». No lo proclama a todos los vientos, solo se lo recuerda, con recato, a su madre. Es el nene inútil que solo sirve para hacerla trabajar y no parar. De hecho, así denuncia, calladamente, aquello de lo que ha hecho función durante toda su vida: ser el nene patoso, inútil, que servía para ocupar a la madre dolorosa. La tensión se circunscribe a la esfera íntima. La madre responde con ironía.

En lo social aumenta ostensiblemente la conducta feminizada, ya no se trata de los rasgos velados de antaño. Ofrece, de manera confusa, un

7. Cfr. con Carlos Cobo, *La depresión infantil. Del nacimiento a la adolescencia*, Temas de Hoy, Madrid, 1992.

8. Cfr. con «De la sorpresa al enigma», en Jacques-Alain Miller y otros, *Los Inclasificables de la clínica psicoanalítica*, Instituto Clínico de Buenos Aires/Paidós, Buenos Aires, 1999.

personaje hecho de una miscelánea de puerilidad y mariconería. Realiza un paso más en su tesis difamatoria: más que ser un nene payaso, va camino de ser una nena intrascendente. Se ofrece en algunas escenas íntimas con jóvenes y hombres marginados o se presta al maltrato paterno.

La infinitización de la situación parece testimoniar la no incidencia de lo simbólico sobre lo real del goce. Estas manifestaciones del humor dependen del avance de la solución suicida por la que el sujeto trata de alcanzar su acomodo a ser el objeto que encarna el enigma.

LA CAMA REAL DE PROCUSTO

Abandona la Unidad Médico-Educativa y no se vincula con el centro de salud mental. Ya tiene edad para trabajar y así lo hace. Durante la semana trabaja con el padre. Eso incluye todo tipo de perrerías y la actividad está teñida de rivalidad cruenta.

Los fines de semana vive en soledad. Consume mucha marihuana. Pasa largas horas contemplando, desde un montículo, las vías del tren que pasa por la zona suburbial de su ciudad. Alterna esta actividad contemplatoria ofreciéndose a yonquis y viejos verdes en una zona colindante.

Las vecinas susurran a la madre habladurías y ella, como una dolorosa, guarda postura estática. Insisten, dicen que lo han visto...

Un día, tiempo más tarde, en la paz del atardecer, se recuesta en la vía del tren y ofrece su cuerpo glorioso y de desecho como fin y límite de un relato roto.

ANOTACIONES

ANOTACIONES

ANOTACIONES

ANOTACIONES